JETZT! GEMÜSE

SEBASTIAN DICKHAUT

JETZT! GEMÜSE

südwest

INHALT

JETZT! Gemüse (Vorwort) 7

IM LADEN »Einkaufen ist das neue Ernten« 8

AM HERD In Wasser und Dampf 10

AM HERD In Feuer und Öl 12

SPEZIAL Jetzt! Gemüse hoch 5 14

MARKTTRATSCH Allerlei Gemüsewissen 16

GEMÜSE AUF DIE HAND 18

Zum Start ein paar kleine Überraschungen: bunte Bruschette, knusprige Chips, feine Salate, smarte Cocktails und kühle Suppen. Alles mit Gemüse!

GEMÜSE PUR 58

Solo für feine Gewächse: Spargel in Folie und Möhren in Papier, Blumenkohl gebraten und Avocado gratiniert, Artischocken mal klassisch, mal modern.

GEMÜSE BUNT 98

Hier kommen die Besten zusammen: auf dem Blech und im Wok, im Ragout und in der Ratatouille, als Wunderrüben oder Grünkohlcurry.

GEMÜSE SATT 134

Machen glücklich und gesund: Pasta und Spätzle, Gnocchi und Knödel, Erdäpfel und Grießnockerl, Risotto und Pilaw, Couscous und Pizza – aufs Schönste vereint mit den Gemüsen dieser Welt!

GEMÜSE FÜR IMMER 172

Frische und Aroma auf Vorrat, eingemacht von eigener Hand: Tomaten im Glas und Erbsen in der Flasche, Möhren à la grecque und Rüben japanisch, Gurken im Relish und Zwiebeln im Confit.

DIE SPEISEKAMMER 202

48 Gemüse von Artischocke bis Zwiebel im Porträt: Wann sie am besten sind, und wie ich das erkenne. Was beim Lagern, Putzen, Garen zählt. Und wo ich die besten Rezepte dazu im Buch finde.

Rezeptregister A–Z 232
Gemüseregister 235
Über den Autor/Dank 238
Impressum 240

UND TÄGLICH FRAGT DAS HUNGERTIER:
»WAS WOLLEN WIR HEUTE ESSEN?«
WIR SAGEN: GEMÜSE. UND ZWAR **JETZT!**

JETZT! Gemüse

Das Erste, das wir im Supermarkt entdecken? Gemüse. Das Schönste beim Gang über den Wochenmarkt? Gemüse. Was geht immer und ist immer anders? Gemüse. Was begleitet uns durchs Jahr wie durchs ganze Leben? Gemüse. Und was ist so genügsam wie geduldig, egal was wir mit ihm anstellen? Genau: Gemüse. Darum beginnt unsere Reihe »JETZT!« mit Gemüse.

110 Rezepte, die uns zur Hand gehen

Täglich fragt das Hungertier: »Was wollen wir heute essen?« Die Antwort darauf finden wir beim Frühstück, unter der Dusche, auf dem Rad, während der Kaffeepause .... Und vor allem immer mehr beim Einkaufen. Dabei will uns JETZT! Gemüse zur Hand gehen: mit Inspiration und Orientierung in der bunten Welt des Grünzeugs. Und mit 110 Rezepten in allen Farben, Formen und Aromen, die Gemüse zu bieten hat. Der Rezeptteil gibt uns Ideen für jedes wichtige Gemüse – von Artischocke bis Zwiebel, von Paksoi bis Pastinake; damit wir JETZT! was damit anfangen können. Im Theorieteil zeigen wir alle Zubereitungsarten – von Dünsten bis Dämpfen, von Frittieren bis Gratinieren; damit wir JETZT! loslegen können. Und ganz hinten in der »Speisekammer« gibts 48 Gemüse im Porträt – wann sie am besten sind, wie wir das erkennen und welche Zubereitung ideal für sie ist; damit wir JETZT! das Beste aus ihnen herausholen können.

Unsere Lieblinge? Tragen Pink.

In JETZT! Gemüse entdecken wir das Kochen neu auf eine Art, die uns sofort liegt: mit neuen Zubereitungen für alte Bekannte und im vertrauten Umgang mit neuen Sorten. Dabei helfen uns ein paar bunte Wegweiser – gelbe Seiten stehen für Blitzrezepte, braune für Klassiker, und unsere Lieblinge leuchten in Pink.
Am Ende jedes Kapitels gehen wir unter »Probier's mal« einem Gemüse besonders auf den Grund. Dass alle Rezepte ohne Fleisch und Fisch sind, ist klar. Und in mehr als 40 steckt gar nichts vom Tier – sie tragen den Stempel VEGAN

»Ciao Tomate, wie wär's mal mit 'nem neuen Schnitt? Hallo Pastinake, was machen wir jetzt mit Dir? Oh Letscho, wer warst Du noch mal? Und wer sind eigentlich die Wagners?« Alsdann, JETZT! wird's Zeit, dass wir ins Gemüse gehen.

Übrigens: Damit Sie gleich wissen, worum's geht, steht am Anfang jedes Rezepts eine Kurzversion davon. So können Einsteiger erst mal reinschmecken, Passionsköche sich inspirieren lassen und alle schnell antworten auf die Frage: »Mmmh, wie hast du das jetzt gemacht?«

ERNTEN

»Einkaufen ist das neue Ernten«

Gemüse gärtnern kann glücklich machen; Gemüse kaufen aber auch – und schenkt einem mehr Zeit fürs Genießen. Folgen Sie uns auf dem Weg ins bunte Paradies, den jeder gehen kann.

Ein Fest im dritten Stock Altbau, große Küche, kein Balkon. Die Gäste sind lustig, der Wein ist fein, aber das Essen schlägt alles. Vor allem das Gemüsegratin. Wie denn das Rezept ...? »Kommt auf die Ernte an!« Ah, Großstadtbauern. Schrebergärtner oder Guerilla Gardening? »Um Gottes willen ... Die Läden hier im Viertel sind unsere Felder. Weil: Einkaufen ist das neue Ernten.«

Wo ich gutes Gemüse kriege

Unser idealer Gemüseladen: In der Auslage leuchtet es bunt, frisch und immer wieder verschieden, je nach Saison; das Team sind Leute, die sich beim Gemüse auskennen und am besten auch bei meinen Vorlieben, so dass sie mir öfters was Besonderes zeigen oder zurücklegen. Wir haben tatsächlich so einen Laden gefunden, gleich bei unserem alten Büro. Und Sie können das ebenso, wenn Ihnen Ihr Gemüse lieb ist. Ob auf dem Marktplatz, an der U-Bahn-Station oder selbst im Supermarkt – irgendwo ist auch in Ihrer Nähe so ein magisch bunter Ort. Sonst fragen Sie danach, wenn Sie gutes Gemüse gegessen haben. Und dann fragen Sie in dem Laden nach dem guten Gemüse. Man wird Sie als Kenner(in) schätzen und sich kümmern, weil Sie beide das Gleiche mögen – gutes Gemüse.

Wie ich gute Qualität entdecke

Beim Finden von Gutem setzen wir auf die bewährte Methode: Gucken, Schmecken, Wissen. Denn anders als bei bearbeiteten Lebensmitteln – was Frischmilch wie Nudeln sind – bringen Warentests bei Gemüse nichts, weil Natur sich nicht berechnen lässt. Und Bio- sowie andere Kontrollsiegel stehen erst mal nur für eine bestimmte Art der Produktion, aber noch nicht für das Grün nach unserem Wunsch. Also probieren Sie mal die Tomate, die Sie noch nicht kennen. Erst mal eine, und wenn's passt beim nächsten Mal eine Tüte voll, um zu sehen, was die Tomaten zu

»DIE LÄDEN HIER IM VIERTEL SIND UNSERE FELDER.«

Hause so machen. Wie lange bleiben sie frisch? Wie verändern sie sich? (Das tun Tomaten.) Und wie schmecken sie den anderen? Schon weiß man wieder etwas mehr – spätestens für nächstes Jahr, wenn diese Tomate wieder Saison hat.

Das Wissen um die Saison von Gemüsen ist am hilfreichsten bei der Suche nach Qualität. Denn wenn ihre Zeit gekommen ist, schmecken selbst Allrounder wie Kopfsalat oder Gurken am besten. Vor allem wenn sie aus der Nähe kommen, weil sie dann ganz frisch sind. Und günstig noch dazu.

Wie alles frisch bleibt

Das Gemüsefach des Kühlschranks ist für die meisten Gemüse der beste Ort, da dort die Temperatur beständig bei etwa 8 Grad liegt. Was dort länger bleiben kann und soll (z. B. festes Gemüse wie grüne Bohnen, Fenchel oder Blumenkohl) oder empfindlicher ist (wie Blattgemüse und Salate) wird lose und möglichst luftdicht in Tüten oder Boxen verpackt. Sehr Empfindliches wie Pilze oder junger Spinat kann auf Tellern ausgebreitet werden, mit leicht feuchtem Küchenpapier darunter und darüber. Und Kräuter bleiben in Klarsichtfolie gewickelt am besten frisch. Ist das Fach voll, Gemüse am besten ganz oben und vorne im Kühlschrank lagern – ganz unten auf der Platte über dem Gemüsefach und an der Rückwand ist es ihm zu kalt.

Einige Gemüse müssen oder dürfen nicht in den Kühlschrank. Herbst- und Winterware wie Kohlköpfe, Kürbisse, Lauch oder Zwiebeln können kellerkühl und dunkel viele Tage bis Wochen aufbewahrt werden. Und was zum Reifen viel Sonne und Wärme braucht, verliert im Kühlschrank an Geschmack: Auberginen, Sommergurken, Paprika, Tomaten oder Avocado werden daher am besten speisekammerkühl und dunkel gelagert, müssen allerdings schon nach 1 bis 2 Tagen gegessen werden. Kartoffeln dürfen niemals in den Kühlschrank, denn da werden sie unangenehm süßlich. Ihr bester Platz ist ebenfalls im kühlen Dunkel von Keller, Küchenschrank oder einer Speisekammer. Im gleichnamigen Kapitel am Ende des Buches steht noch mehr dazu, wie einzelne Gemüse am besten gelagert werden – ab Seite 202.

AM HERD

In Wasser und Dampf

Hier geht's erstmal um die klassischen Arten, was Gutes aus Gemüse zu machen: kräftiges Kochen und kurzes Blanchieren, sanftes Dünsten und langsames Schmoren sowie das bekömmliche Dämpfen.

Kochen

Ein großer Topf und kochend heißes Wasser darin, das ist ideal fürs Ganze und Große unter den Gemüsen – wie Artischocken, Blumenkohl, Maiskolben oder Spargelbündel. So wird's am schnellsten durch und durch gar. Und aromatisch auch – wenn mit dem Wasser neben ordentlich Salz noch Kräuter, Gewürze, Essenzen oder auch Knoblauch, Ingwer, Zitronenschale das Grünzeug durchdringen. Aber auch pur kann das Kochen im Ganzen neue Geschmäcker rauskitzeln – probieren Sie's mal mit einem ganzen Fenchel oder Zucchino aus.

In jedem Fall wichtig: Erst das Wasser im Topf mit Deckel darauf zum Kochen bringen, dann Gemüse rein und höchstens bissfest kochen, denn Großes gart noch länger nach, bis es abgekühlt ist. Typisch fürs Kochen: Artischocken mit Vinaigrette (Seite 84).

Blanchieren

Das schnelle Geschwisterchen des Kochens ist Vorstufe für andere Zubereitungen. Dabei garen kleine Gemüse(stücke) nur so lange im sprudelnden Wasser, dass sie noch knackig genug sind, um anschließend bissfest gedünstet, geschmort, gebraten oder frittiert zu werden. Blanchieren macht alle Blattgemüse geschmeidig, und es mildert seinen zum Teil strengen Geschmack. Werden Gemüse danach kurz in eiskaltes Wasser gegeben, garen sie nicht mehr nach und behalten ihre intensive frische Farbe. Wem das volle Aroma wichtiger ist, der schreckt besser nicht ab. Typisch fürs Blanchieren: Grünkohlcurry mit Möhren (Seite 107).

Dünsten

Ideal für geschnittenes Gemüse, das so sein volles Aroma entfaltet. Es gart unterm Deckel mit wenig Flüssigkeit, bis es bissfest und kaum mehr Flüssigkeit übrig ist. Oft wird das Gemüse vorher in Öl oder Butter angedünstet. Zartes und Blanchiertes kann sanft und kurz im eigenen Saft dünsten, für mehr Aroma kann ein Schuss Brühe, Wein, Sahne, Kokosmilch, Saft oder Sugo dazu. Bei festeren Gemüsen ist immer Flüssiges nötig. Typisch fürs Dünsten: Wunderrüben (Seite 118).

Schmoren

Wie Fleisch saugen sich auch viele Gemüse beim Schmoren intensiv voll mit Geschmack. Es ist Dünsten hoch zwei: Gemüse wird bei höherer Temperatur angebraten, schmort dann in einem kräftigen Saft vor sich hin. Ideal für robuste Arten, die Aromen gut aufnehmen (Auberginen) oder ihre dem ganzen Gericht verleihen (Paprika). Typisch fürs Schmoren: Provençalische Ratatouille (Seite 113).

Dämpfen

Im Dampf entfalten Gemüse am besten ihren Eigengeschmack und behalten viele Nährstoffe. Sie schmecken dann sehr pur, da wenig andere Aromen an sie rankommen. Daher wird in Asien Gedämpftes oft mit würziger Begleitung serviert. Zartes wie Brokkoli oder Zuckerschoten, Wasserhaltiges wie Spargel und Gurken sowie Blattgemüse sind perfekt fürs Dämpfen. Das kann im geschlossenen Bambuskorb oder Metalldämpfer über kochendem Wasser geschehen oder im tiefen Teller auf einer Schüssel unterm Deckel im Dampf. Typisch: Gedämpfte Radieschen mit Tofu (Seite 57).

Beim Blanchieren (links, Spinat) sollte das Gemüse nur so lange eiskalt abgeschreckt werden wie eben nötig, damit es nicht auslaugt. Gedünstetes (in der Mitte, Möhren) wird öfter gerührt, damit es nicht anbrennt. Fürs Dämpfen (rechts, Brokkoli) gibts spezielle Einsätze.

AM HERD

In Feuer und Öl

Schonend zu garen ist ja ganz schön, aber manchmal braucht Gemüse mehr, um richtig auf Touren zu kommen. Dann gibts Feuer und Öl, und es wird gebraten, gewokkt, frittiert, gegrillt. Zu wild? Dann nehmen wir den Ofen.

Braten

Außen knusprig und innen saftig, das ist das Ziel beim Braten – und das geht wunderbar mit Gemüse. Was schnell gar ist (Auberginen, Pilze, Kürbis und Zucchini, grüner Spargel) oder was vorgekocht ist, kann direkt gebraten werden: schnell in heißem Öl, langsam in schäumender Butter oder in einem Gemisch von beidem. Wie bei Bratkartoffeln ist es wichtig, das Gemüse in Ruhe anbraten zu lassen und dann erst zu wenden, da sonst nichts richtig bräunt. Gesalzen wird zum Schluss, damit der Saft im Gemüse bleibt und es nicht darin dünstet.
Beim »Rohrösten« werden festere Gemüse (wie Rüben, Wurzeln oder grüne Bohnen) kurz angebraten, dann mit etwas Flüssigkeit angedünstet und, wenn die verdampft ist, fertig gebraten. Typisch fürs Braten: Blumenkohlkoteletts in Kapernbutter (Seite 81). Und fürs Rohrösten: Gebratene Pastinaken mit grünen Bohnen (Seite 121).

Beim Frittieren den Topf nur zu höchstens drei Viertel mit Fett füllen, damit es beim Einlegen der Gemüse nicht überschäumt.

Wokken

Noch stärkere Hitze, dafür weniger Öl und Rühren von Anfang an – im Wok lässt sich in kürzerer Zeit aus Gemüse noch mehr rauskitzeln als in der Pfanne. Die meiste Zeit braucht's beim Schneiden: Je fester das Gemüse, desto feiner wird es geschnitten. Und stets gleichmäßig, damit nichts anbrennt. Zuerst wird der Wok stark erhitzt, dann kommt 1 Esslöffel Öl hinein und wird geschwenkt, bis es raucht. Weg damit, frisches Öl dazu, in dem oft noch ein würziger Ansatz mitgebraten wird. Nun ein bis zwei Handvoll Gemüse darin stark und schnell unter stetigem Rühren nach Rezept braten und ergänzen. Meist kommt dabei noch etwas Flüssigkeit dazu, in der das Gemüse fertig schmort. Typisch fürs pure Wokken: Nudeln mit Shiitakes und Staudensellerie (Seite 138). Typisch fürs Wokken mit Flüssigkeit: The Green Wok (Seite 104).

Frittieren

So wie das Bratkartoffelprinzip funktionieren bei vielen Gemüsen auch das Pommes-Frites- und das Kartoffelchips-Prinzip gut. Geschnittene Knollen, Rüben und Wurzeln können dabei direkt ins heiße Fett, der Rest wird zuvor in Teig getaucht und ist nicht selten vorgegart. Ein raffiniertes Öl, das wenig Eigengeschmack hat und sich hoch erhitzen lässt (z. B. Distel- oder Sonnenblumenöl), wird auf etwa 170 Grad gebracht, so dass ein Brotwürfel oder Teigtropfen darin sofort schäumt und röstet. Darin werden nun die Stücke zügig locker verteilt – gerade so viel, dass die Oberfläche bedeckt ist und so nichts zusammenklebt und das Fett die Hitze hält; im Wok geht das besonders gut mit besonders wenig Öl. Das Frittierte wird dann mit einer großen Schaumkelle oder einem Sieb herausgefischt, nach dem Abtropfen kommt es kurz auf Küchenpapier und wird schließlich gewürzt. Typisch fürs Frittieren: Gemüse-Pakora, -Tempura, -Chips und -Fritten (Seite 36–42).

Auf dem Grill

Grillrezepte gibt es keine in diesem Buch, weil »JETZT! Gemüse« für uns heißt, diese Rezepte kann jeder jederzeit machen – auch im Winter und auch, wenn man keinen Grill hat. Die meisten Bratgemüse können aber auch gegrillt werden. Dabei werden die Gemüse mit Öl bepinselt oder gleich darin mariniert. Festes

Den Wok beim Garen nicht zu voll machen, weil dann die starke Hitze in seinem Zentrum nicht mehr alle Gemüse erfassen kann.

wie Rüben garen wir am besten vor, Fiedriges wie Brokkoli oder Saftiges wie Tomaten bleiben besser weg vom Feuer, es sei denn, sie werden auf oder in Folie gegart.

Im Ofen

Wem das alles bisher zu heiß und fettig ist, dem empfehlen wir den Ofen – der ideale Ort, um sich geschützt und in Ruhe was Gutes zu garen, also bestens für Gemüse. Das kann blank auf dem Blech braten oder im Schutz einer Hülle dünsten bis dämpfen. Nicht zu vergessen die Ofenklassiker Auflauf und Gratin, die wie geschaffen sind fürs Gemüse. Typisch für den Ofen: Gemüse im Salzmantel, in Folie, in Papier und gratiniert (Seite 60 bis 71).

JETZT! Gemüse HOCH 5

5 mal 5 Ideen, wie Sie mehr aus Ihrem Grünzeug machen. Mit Links zu noch mehr Ideen im Buch.

5 Evergreens

Gehen immer, mag jeder, gerne auch mal ungewöhnlich

Gurken

Fix geraspelt frischen sie Salate und Suppen auf, sanft gedünstet geben sie allem ein belebendes Aroma – ob Risotto oder Kartoffelpüree. Mehr Ideen: Sommersalat (Seite 49), Gurkenstöpsel mit Chili (Seite 79), Gurkenreis mit Feta (Seite 161).

Lauchzwiebeln

Heißen auch Frühlingszwiebeln, geben aber das ganze Jahr unkompliziert Würze, Farbe und Biss, vom Dressing bis zum Grillspieß. Mehr Ideen: Gemüse-Tempura (Seite 38), Grüne Zwiebelrahmsuppe (Seite 92), Tomaten, Lauchzwiebeln und Austernpilze vom Blech (Seite 100).

Möhren

Lassen jedes Essen leuchten und verfeinern es mit ihrer Süße, am besten mit etwas Butter oder Öl dabei. Toll von roh über glasiert bis frittiert. Mehr Ideen: Möhrenkäse leicht & mehr (Seite 50), Möhren im Papier mit Senfbutter (Seite 67), Möhrenspätzle (Seite 141).

Tomaten

Bringen den Sommer auch an trüben Tagen auf den Teller – einfach aufs Butterbrot, überraschend im Wok oder geschmort mit anderen Gemüsen. Mehr Ideen: Zweimal Bohnen in Tomatensahne (Seite 111), Linguine mit Safran-Butter-Tomaten (Seite 136), Kirschtomaten-Kompott (Seite 178).

Zucchini

Schnell geraspelt und scharf gebraten eine fixe Beilage. Oder im Ganzen knackig gekocht und in Butter bissfest gedünstet – fein, fein Mehr Ideen: Big Zac (Seite 34), Focaccia mit Zucchini und Rosinen (Seite 166), Piccalilly (Seite 195).

5 Neue Bekannte

Schon mal gesehen und neugierig auf mehr

Paksoi

Unser bekanntester Vertreter aus der großen Familie des Asia-Grüns. Schmeckt fein gedämpft, gedünstet und geschmort. Mehr bei The Green Wok (Seite 104).

Pastinaken

Schmecken noch so richtig nach Rüben, ohne derb zu sein. Nicht verwechseln mit der Petersilienwurzel. Mehr bei Gebratene Pastinaken mit grünen Bohnen (Seite 121).

Shiitakes

Die aus Japan stammenden Zuchtpilze sind kräftiger und garen fester als Champignons. Toll roh wie gebraten. Aber immer ohne Stiele! Mehr bei Nudeln mit Shiitakes und Staudensellerie (Seite 138).

Bunte Bete

Die milden Schwestern der Roten Bete kann man verarbeiten, ohne sich dabei die Finger schmutzig zu machen. Mehr bei den Wunderrüben (Seite 118) und bei »Probier's mal« (Seiten 94–95).

Topinambur

Die Erdartischocke trägt ihren Namen, weil sie gegart den vollen Geschmack der Distelblüte liefert. Roh hat sie was Nussiges. Mehr bei Topinambur-Risotto mit Trauben und Nüssen (Seite 157).

5 Geheimtipps

Wenn das Gemüsefach mal leer ist

Eingemachtes

Heißt modern auch Tiefgekühltes (z. B. Erbsen, Spinat) oder Konserviertes (z. B. Tomaten aller Art). Ganz klassisch Eingemachtes gibts bei uns im Kapitel »Gemüse für immer« (ab Seite 172).

Hülsenfrüchte

Bohnenkerne, Kichererbsen, Tellerlinsen halten lange, und wenn's rote oder gelbe Linsen sind, brauchen sie gar nicht lange. Dazu machen sie reich und gesund, da in ihnen wertvolles Eiweiß steckt, was vor allem Veggies schätzen. Z. B. Linsencremesuppe mit Minze (Seite 90).

Suppengrün

Gutes Gemüse mit ordentlich Substanz auf einen Griff: Aus der Kombi von Möhre, Sellerie, Lauch und Zwiebel lassen sich ganze Gerichte zaubern. Mehr dazu ab Seite 168.

Salat

Ob zart oder herb, Salat taugt auch zum Gemüse. Feste Köpfe (Chicorée, Chinakohl, Radicchio) sind gut zum Schmoren und Ofengaren, Sensibleres (Rucola, Kopfsalat) gibt wie Kräuter den letzten Kick. Z. B. Radicchio, Chinakohl und Wirsing vom Blech (Seite 101).

Obst

Sehr interessant als Zweitgemüse, das einem bunten Teller Süße und Säure geben kann. Heimisches wie Äpfel oder Trauben, Südländisches wie Melonen oder Orangen und Exotisches wie Ananas oder Mango wirken immer. Z. B. Radieschensalat mit Orangen (Seite 56).

5 Kicks fürs Grün

Was Gemüse im Handumdrehen Schwung gibt

Kräuter

Robustere wie Lorbeer, Majoran, Oregano, Rosmarin, Salbei oder Thymian garen länger mit, um den ganzen Geschmack zu geben. Zarte wie Basilikum, Borretsch, Dill, Estragon, Kerbel, Koriander, Petersilie oder Schnittlauch kommen zum Schluss dazu.

Gewürze

Salz, Pfeffer, Paprika? Da geht mehr. Zum Beispiel Kümmel, Muskat, Wacholder für Bodenständiges; Kardamom, Kreuzkümmel, Zimt für Orientalisches; Fenchel, Knoblauch, Safran für Mediterranes; Anis, Chili, Ingwer für Asiatisches.

Nüsse und Kerne

Erd-, Hasel- und Walnüsse sowie Mandeln, Pinien- und Pistazienkerne schmecken stark und haben Biss, was Gemüsegerichten den Dreh gibt. Aber auch Feines wie Sesam, Mohn, Kokosraspel bereichert. Anrösten steigert ihr Aroma.

Käse

Geriebener Parmesan ist ein Gewürz für sich, das fürs Finale untergerührt oder zum Gratinieren darübergestreut werden kann. Letzteres geht auch gut mit würzigem Käse wie altem Cheddar, Emmentaler, Feta, Gouda. Oder einfach zum Schluss in Stückchen ins Gemüse geben und schmelzen lassen.

Zitrone

Die Geheimwaffe! – Ein Spritzer Zitronensaft gibt müden Eintöpfen neue Kraft und deftigen Gerichten frischen Schwung. Gart ein wenig Schale mit, schmeckt's gleich nach Süden (und mit Limette nach Südostasien).

5 Jahreszeiten

Unsere Besten der Saison plus ein Extra

Frühling: frische Erbsen

Wer sie kriegen kann, sollte sie nehmen. Und dann mal wie japanische Sojabohnen einige Minuten in der Hülse dämpfen und mit grobem Salz bestreut servieren. Auch gut: Erbsen in Kräutersahne (Seite 86).

Sommer: Auberginen

In Scheiben geschnitten, Viertelstunde eingesalzen, trockengetupft und in Olivenöl frittiert – sündhaft lecker, vor allem mit kleinen Sorten. Auch gut: Balado Sayang (Seite 115).

Herbst: Hokkaidokürbis

Teilen, Kerne raus, in Scheiben schneiden und im Ofen mit Öl und Kürbiskernen vermischt gute 10 Minuten braten – Aroma pur. Auch gut: Tagliatelle mit Kürbispesto (Seite 140).

Winter: Rosenkohl

Wem er zu mächtig ist, der kann ihn ja mal Blatt für Blatt probieren: Strunk raus, zerpflücken und dann wie Kräuter mit anderen Gemüsen oder mit Pasta garen. Auch gut: Gnocchi mit Rosenkohl (Seite 142).

Immer: Zwiebeln

Im Dressing – am besten kurz eingesalzen für mehr Milde und Aroma; im Ganzen z. B. in Wein geschmort (Schalotten) oder in Salz gegart (rote Zwiebeln). Noch mehr zum Probieren ab Seite 130.

MARKTTRATSCH

Allerlei Gemüsewissen

Wie jetzt, Radieschen, du kommst aus dem Orient? Und bist mit dem Blumenkohl verwandt? Und kannst gar nicht mit der Tomate? Erzähl mehr vom Gemüse!

»Wo kommt ihr denn her?«

»VOM MITTELMEER.«

Artischocken, dicke Bohnen, Petersilienwurzeln, Rote Beten, Schwarzwurzeln, Spargel.

»AUS DEM NAHEN OSTEN.«

Erbsen, Kopfsalat, Linsen, Radieschen, Rettich, Spinat, Zwiebeln, Artischocken, dicke Bohnen, Petersilienwurzeln, Rote Beten, Schwarzwurzeln, Spargel.

»AUS DEM FERNEN OSTEN.«

Gurken, Aubergine.

»AUS AMERIKA.«

Tomaten, fast alle Bohnen, Kartoffeln, Kürbis, Mais, Paprika, Zucchini.

DIE WAGNERS RATEN

»Hallo, wir sind Johann und Christine Wagner von Gemüse Wagner in München. Wir geben unseren Kunden gerne Tipps zum Gemüse. Jetzt auch in diesem Buch.«

»Zu wem gehört ihr?«

»Zu den Doldenblütlern.«

Fenchel, Möhren, Pastinaken, Petersilienwurzeln, Sellerie.
Aber auch: Anis, Kerbel, Kümmel.

»Zu den Kreuzblütlern.«

Blumenkohl, Brokkoli, Grünkohl, Kohlrabi, Kresse, Mairüben, Paksoi, Radieschen, Rettich, Rosenkohl, Rotkohl, Rucola, Steckrüben, Teltower Rübchen, Weißkohl, Wirsing.
Aber auch: Aster, Gänseblümchen, Kamille.

»Zu den Fuchsschwanzgewächsen.«

Mangold, Rote Beten, Spinat, Weiße Rüben.
Aber auch: Amaranth und Quinoa.

»Zu den Nachtschattengewächsen.«

Auberginen, Kartoffeln, Paprika, Tomaten.
Aber auch: Stechapfel, Tabak, Tollkirsche.

»Zu den Kürbisgewächsen.«

Gurken, Birnen- oder Butternut-Kürbis, Hokkaido-, Muskat- und Spaghettikürbisse, Rondini, Squash, Zucchini.
Aber auch: alle Melonen.

»Wie läuft's?«

Viele Früchte, aber auch Avocados und Tomaten, geben noch mal richtig Gas nach dem Ernten. Das Gas heißt Ethylen und bewirkt, dass sie nachreifen. So können Avocados und Tomaten knapp reif in warmen Gegenden geerntet werden und sich auf dem Weg zu uns in Ruhe weiterentwickeln, ohne zu verderben.

Klar, Tomaten vom Strauch in den Mund im Sommer sind natürlich das Beste, aber manchmal braucht's auch in dunkelkalten Zeiten so was Gutes. Doch das gibts nur, wenn nicht zu frühreif geerntet worden ist, sonst bleibt alles blass, hart, ohne Aroma.

Aprikosen, Äpfel, Bananen, Honigmelonen, Mangos, Papayas, Passionsfrüchte, Pfirsiche und Nektarinen oder Pflaumen gehören ebenfalls zu den Ethylen-Athleten. Das müssen auch Gemüseköche wissen, weil ein Apfel neben der Avocado diese schneller weich und aromatisch werden lässt, Nichtnachreifern wie Rüben, Kohl oder Zwiebeln aber nur rascheres Verderben einbringt.

Also: Zusammenbringen, was sich fördert und verträgt, auseinanderhalten, was sich schlägt. Und die Nachreifer bitte nicht in den Kühlschrank sperren, da werden sie nur fad.

Gemüse auf die Hand

ABER DA GEHT MEHR »»

Bruschetta …

» **Brot wird geröstet, darauf kommt aromatisches Gemüse mit ein bisschen Würze dabei, und es duftet und schmeckt – kennen wir mit Ciabatta und Tomate. Aber da geht mehr.** «

… mit Tomate

VEGAN

4 kleine aromatische Tomaten vom Stielansatz befreien und auf der gegenüberliegenden Seite kreuzweise einschneiden. Dann die Tomaten häuten: Dafür in einem Topf Wasser aufkochen und die Tomaten für 10 Sekunden in das kochende und anschließend in eiskaltes Wasser tauchen. Nun lässt sich die Haut, ausgehend von den Einschnitten, leicht abziehen – ansonsten das Überbrühen und Abschrecken nochmals wiederholen.

Die gehäuteten Tomaten in Scheiben schneiden. In einer großen Pfanne einen halben Fingerbreit gutes Olivenöl erhitzen und 4–8 Scheiben gutes Weißbrot (je nach Durchmesser des Brotlaibs) darin auf jeder Seite in 1 Minute goldgelb rösten.

Jeweils eine Seite der gerösteten Brotscheiben mit der Schnittfläche einer halbierten Knoblauchzehe einreiben, Tomatenscheiben daraufgeben und mit der Gabel andrücken. Salzen und pfeffern und die Tomaten-Bruschetta gleich servieren.

Das Foto zum Rezept finden Sie auf Seite 22.

… mit Champignons

VEGAN

150 Gramm schöne frische Champignons (weiße oder die braunen Egerlinge ganz nach Wunsch) mit Küchenpapier abreiben und von den Stielen befreien, waschen ist nicht nötig. Dann die Kappen in dünne Scheiben schneiden.

1 Bund Schnittlauch waschen, trockenschütteln und in Röllchen schneiden. Diese mit den Pilzscheiben vermischen, dazu den Saft von 1 Zitronenviertel geben.

Eine große Pfanne mit einem halben Fingerbreit Sonnenblumenöl darin erhitzen und darin 4 Scheiben Graubrot auf einer Seite in etwa 1 Minute goldgelb rösten. Die Brotscheiben wenden, in der Pfanne die Pilze darauf verteilen, leicht andrücken und mit Salz und Pfeffer würzen. Die Champignon-Bruschetta gleich servieren.

Das Foto zum Rezept finden Sie auf Seite 22.

… mit Radieschen

150 Gramm möglichst große Radieschen samt frischem Grün gründlich waschen und putzen,

dabei die Knollen von Wurzel und Blattansatz befreien, anschließend das Grün von den Stängeln zupfen. Die Blätter grob hacken.

Die Radieschen grob raspeln und mit je 1 Teelöffel scharfem Senf, Honig und Apfelessig vermengen, mit Salz und Pfeffer abschmecken.

In einer großen Pfanne 4 Esslöffel Butter bei mittlerer Hitze aufschäumen lassen und darin 4 Scheiben Sauerteigbrot auf beiden Seiten je 1 Minute rösten.

Die Radieschen mit dem gehackten Grün vermischen, auf die gerösteten Brotscheiben geben und die Radieschen-Röstbrote gleich servieren.

Das Prinzip Bruschetta

Das Brot warm und knusprig, der Belag kühl und weich – diese Kontraste machen Bruschetta so reizvoll und gerade zum Auftakt eines Essens so interessant. Nach diesem Prinzip lassen sich viele Gemüse im Nu in etwas ganz Besonderes verwandeln. Sind sie zu fest dafür, hilft natürlich Garen. Allerdings fehlt dann dieser gewisse »Roh-Effekt«, der einfach zum Prinzip Bruschetta gehört. Besser: Wie oben bei den Radieschen das Gemüse sehr fein schneiden oder raspeln, leicht salzen und kurz ziehen lassen. Dann aufs Wunschbrot geben und genießen. Geht toll mit Fenchel, Gurken, Lauchzwiebeln, Paprika, Zuckerschoten oder Zucchini.

Apropos Wunschbrot: Probieren Sie's mit allem, was zu kriegen ist, vom Ciabatta bis zum Vollkornbrot, vom Fladenbrot bis zur Tortilla. Hauptsache, es ist warm und knusprig, wenn es belegt wird. Und dann sofort zubeißen – am besten mit ein paar Servietten in der Nähe.

SPITZENBROTE SATT

Lauchbutter

Die grüne Alternative zum Zwiebelschmalz: Lauchringe werden mit frischem Majoran langsam in Butter weich geschmort. Toll auf Brot und in Suppen.

Zutaten für 4 Personen

1 kleine Stange Lauch

½ Päckchen Butter (125 g)

5 Zweige frischer Majoran (ersatzweise 1 TL getrockneter)

Zitronensaft

Salz, Pfeffer

Zubereitungszeit:
20 Minuten

1. Den Lauch putzen, dabei von den schlaffen Blättern, dem dunklen Grün und den Wurzeln befreien. Die Stange in dünne Ringe schneiden und diese in einem Sieb kalt abbrausen.

2. Die Butter in einem Topf bei mittlerer Hitze schmelzen lassen und den abgetropften Lauch dazugeben. Mit Salz und Pfeffer würzen und 5 Minuten offen schmoren lassen.

3. Inzwischen den frischen Majoran waschen, trockenschütteln und die Blätter abzupfen. Nach 5 Minuten den Majoran zur Lauchbutter geben und noch 2–3 Minuten mitgaren, bis der Lauch weich ist.

4. Die Lauchbutter mit einem Spritzer Zitronensaft und falls nötig mit Salz und Pfeffer abschmecken und abkühlen lassen. Fertig!

Das Foto zum Rezept finden Sie auf Seite 26.

Das Weiße vom Lauch ist oft voll Erde. Ringe werden daher abgebraust. Sonst die Stange längs bis zur Wurzel halbieren und auswaschen.

Rote Linsencreme

» Rote Linsen mit Sultaninen und orientalischen Aromen gegart, am Ende kommen Joghurt und Basilikum dazu. Schmeckt warm und kalt, als Dip und Aufstrich. «

1. Die Linsen zusammen mit den Sultaninen in einem Sieb mit kaltem Wasser abbrausen. Die Zwiebel abziehen und fein würfeln. Das Lorbeerblatt von der Seite her etwas einreißen – so gibt es sein Aroma besser weiter.

2. Das Butterschmalz in einem Topf zerlassen und darin bei kleiner Hitze die Zwiebel samt Kreuzkümmel, Lorbeer und Zimt in 5 Minuten zugedeckt glasig dünsten. Rühren ist überflüssig – die sanfte Hitze und das vom Deckel tropfende Kondenswasser bewahren den Ansatz vorm Anbrennen.

Zutaten für 4–6 Personen

150 g rote Linsen
50 g Sultaninen
1 weiße Zwiebel
1 Lorbeerblatt
4 EL Butterschmalz (oder Butter)
½ EL Kreuzkümmelsamen
1 Stück Zimtstange (3 cm)
2–3 EL Currypulver (je nach Schärfe)
400 ml Gemüsebrühe
100 g Joghurt
2 EL Mangochutney
Salz

Zubereitungszeit:
45 Minuten

3. Nun den Deckel abnehmen und die Zwiebel bei starker Hitze in 1–2 Minuten leicht bräunen, dabei nun immer wieder rühren.

4. Jetzt den Curry einrühren, aufschäumen lassen und gleich mit der Gemüsebrühe ablöschen. Linsen und Sultaninen dazugeben und alles gut 20 Minuten kochen lassen, bis die Linsen bissfest sind und die Brühe fast aufgesogen ist.

5. Joghurt und Chutney einrühren, mit Salz abschmecken und noch 1 Minute köcheln lassen. Die Rote Linsencreme kann warm zum Dippen oder abgekühlt mit Fladenbrot serviert werden.

Das Foto zum Rezept finden Sie auf Seite 27.

Tolle Töpfchen und Tiegel

KLASSIKER

Guacamole mit Tortilla-Fritten

VEGAN

Schön reife Avocados werden nicht zu fein zerdrückt, dann kommen Tomaten und Lauchzwiebeln sowie Knoblauch, Limette und Koriander fürs Aroma dazu. Der Dip schlechthin!

Zutaten für 4 Personen

2 Lauchzwiebeln
1–2 Knoblauchzehen
1–2 rote Chilischoten
Salz
2 kleine reife Tomaten
1 Bund Koriandergrün
2 reife Avocados
1 Limette
1 kg Frittierfett
4 Tortillafladen

Zubereitungszeit:
30 Minuten

1. Die Lauchzwiebeln waschen und putzen. Dabei das dunkle Grün und die Wurzelansätze entfernen. Lauchzwiebeln in feine Ringe schneiden.

2. Den Knoblauch abziehen und fein würfeln, Chilischoten von den Stielen befreien, längs halbieren und je nach gewünschter Schärfe mit oder ohne Kerne klein schneiden – mit wird die Guacamole schärfer.

3. Lauchzwiebeln, Knoblauch und Chili mit 1 guten Prise Salz vermischen und beiseite stellen.

4. Tomaten waschen, Stielansatz entfernen und die Früchte in 1 Zentimeter große Würfel schneiden. Koriander abbrausen und trockenschütteln, die Blätter grob hacken.

5. Die Avocados am Stein entlang halbieren und die Hälften gegeneinander drehend lösen. Den Stein herausnehmen. Das Avocadofleisch mit einem Esslöffel aus den Schalen lösen und in einer Schüssel mit einer Gabel grob zerdrücken. Die Limette auspressen, den Saft untermischen.

6. Die Zwiebelmischung, die Tomatenwürfel und den Koriander daruntermengen, die Guacamole mit Salz abschmecken und 5 Minuten ziehen lassen. Dabei den Stein in die Mole stecken, dann bleibt sie grün.

7. Inzwischen das Frittierfett auf 170–180 Grad erhitzen. Tortillafladen halbieren und die Hälften quer in fingerdicke Streifen schneiden. Einen Streifen zum Testen ins Fett werfen, brodelt es gleich, ist es heiß genug.

8. Die Hälfte der Tortillastreifen ins Fett werfen, in 12 Minuten knusprig frittieren. Herausnehmen, abtropfen lassen und in eine Schüssel geben. Übrige Streifen ebenso frittieren und in die Schüssel geben, salzen und zur Guacamole servieren.

Eggplants Benedetto

Eggs Benedict auf mediterran vegetarisch: Ofengebackene Auberginenscheiben auf Brot, darauf kommt Spiegelei, das Ganze gekrönt mit einer Pesto-Mayo-Creme.

Zutaten für 4 Personen

1 Bund Basilikum
1 Knoblauchzehe
Salz
4 EL Mayonnaise
4 EL Dickmilch oder saure Sahne
2 EL Orangensaft
1 große Aubergine (ca. 400 g)
8 Scheiben Ciabatta-Brot
6 EL Olivenöl
weißer Pfeffer
4 Eier

Zubereitungszeit:
30 Minuten

1. Da Brote, Auberginen und Eier alle schön heiß sein sollen, wenn man sie zusammenbaut, wird als Erstes die Creme vorbereitet. Dazu das Basilikum waschen und trockenschütteln, die Blätter zupfen und fein hacken.

2. Den Knoblauch abziehen und halbieren, falls nötig den grünen Keim entfernen. Die Zehe fein hacken, mit Salz bestreuen und mit der flachen Seite der Messerklinge zu einer Paste zerdrücken – am besten auf einem eigens dafür reservierten Knoblauchbrett. Diese samt Basilikum mit Mayonnaise, Dickmilch und Orangensaft verrühren.

3. Den Ofen auf 200 Grad vorheizen (Umluft 180 Grad). Die Aubergine waschen und trocknen. Vom Stielansatz befreien, dann schräg in 8 gut 1 Zentimeter dicke Scheiben schneiden und mit den Brotscheiben aufs Blech geben. 4 Esslöffel Öl darüber verteilen, dann kräftig mit Salz und Pfeffer bestreuen. Alles auf dem Blech mischen und wenden, bis es gut verteilt ist.

4. Das Blech für 10–12 Minuten in den heißen Ofen schieben, bis die Brote gebräunt und die Auberginen weich sind.

5. Inzwischen 2 Esslöffel Öl in die Pfanne geben und die Eier aus der Schale hineingleiten lassen. Braten, bis das Eiklar gestockt und das Eigelb noch etwas flüssig ist.

6. Nun die Brote auf 4 Teller verteilen, darauf die gegarten Auberginenscheiben geben. Die Spiegeleier daraufsetzen und alles mit der Pesto-Mayo-Creme überziehen. Gleich servieren.

Omelett mit Kürbis und Ziegenkäse

Ein Hokkaido wird in kleine Scheiben geschnitten, dann mit Lauchzwiebeln und Thymian gebraten. Dazu kommen geschlagene Eier und Ziegenkäse, bis alles gestockt ist.

Zutaten für 2–4 Personen

1 kleiner Hokkaidokürbis (etwa 500 g)
4 Lauchzwiebeln
5 Zweige Thymian
150 g Ziegenfrischkäse in Rollenform
4 Eier
4 EL Butter
Salz, weißer Pfeffer

Zubereitungszeit:
30 Minuten

1. Den Kürbis waschen und mögliche schorfige Stellen sowie den Stiel- und Blütenansatz abschneiden. Dann samt Schale halbieren und mit einem Esslöffel die Kerne im Inneren gründlich herauslösen.

2. Die Kürbishälften in jeweils 4 Spalten schneiden und diese quer in 1 Zentimeter dicke Scheiben schneiden – die Schale kann man dran lassen, sie wird weich beim Garen.

3. Die Lauchzwiebeln waschen und putzen, dabei das Wurzelbüschel und das schlappe und dunkle Grün entfernen. Die Lauchzwiebeln in 1 Zentimeter dicke Ringe schneiden. Thymian abbrausen und trockenschütteln, die Blättchen abstreifen und mit den beiden Gemüsen vermischen.

4. Den Ziegenkäse in 1 Zentimeter dicke Scheiben schneiden und diese würfeln. Die Eier mit einer Gabel verschlagen, dabei 1 Prise Salz zugeben – so wird das Gelb intensiver.

5. Die Butter in einer großen Pfanne bei stärkerer Hitze zerlassen und das Gemüse darin verteilen. Mit Salz und Pfeffer würzen, dann unter gelegentlichem Wenden in 4–5 Minuten bissfest braten.

6. Nun die Hitze auf mittlere Stufe reduzieren und die Eier in die Pfanne gleiten lassen. Wenn die Eiermasse beginnt, am Boden fest zu werden, mit einem Holzlöffel darin leicht rühren, dabei darauf achten, dass sich das Gemüse gleichmäßig verteilt.

5. Nun den Ziegenkäse daraufgeben und das Omelett garen, bis der Käse gerade schmilzt und es noch leicht feucht an der Oberfläche ist. Gleich servieren.

Carrot-, Banana- & Bean-Pancake

» Grüne Bohnen braten mit Rosmarin und roten Zwiebeln, darüber kommt ein leichter Eierteig mit – Überraschung! – Karotte und Banane drin. Finale im Ofen. «

1. Die Bohnen waschen, trockentupfen und putzen, dann in 2 Zentimeter große Stücke schneiden. Die Zwiebel abziehen, vierteln und in Viertelringe schneiden. Den Rosmarin abbrausen und trockenschütteln, die Nadeln abstreifen. Alles mischen.

2. In einer großen ofenfesten Pfanne das Öl auf mittlerer Stufe erhitzen. Die Bohnenmischung hineingeben und alles unter gelegentlichem Wenden 5 Minuten braten. Mit Salz und Pfeffer kräftig würzen und dann noch 2–3 Minuten braten, bis die Bohnen bissfest sind.

3. Den Ofen auf 200 Grad vorheizen (Umluft 180 Grad). Die Eier mit dem Mehl glatt rühren. Die Banane schälen, in Scheiben schneiden, mit Joghurt und Saft pürieren – wer keinen Pürierer hat, kann die Banane auch mit der Gabel zerdrücken. Die Mischung mit den Eiern verrühren und salzen.

4. Wenn die Bohnen fertig sind, die Eiermischung darübergeben und die Pfanne auf mittlerer Schiene in den heißen Ofen schieben. 20–25 Minuten backen, bis die Masse schön aufgegangen ist. Gleich servieren.

Zutaten für 2–4 Personen

500 g feine grüne Bohnen
1 rote Zwiebel
4 Zweige Rosmarin
4 EL Olivenöl
grobes Salz
schwarzer Pfeffer, grob gemahlen
4 Eier
4 EL Mehl
1 leicht grüne Banane
200 g Joghurt
200 ml Karottensaft

Zubereitungszeit:
45 Minuten

JETZT NOCH WAS!

Alternativen zur Milch im Pfannkuchenteig: Aroma geben können auch andere Milchprodukte (Joghurt, Buttermilch, saure Sahne), Säfte bzw. Pürees aus Gemüse und Obst sowie Brühe oder Kokosmilch.

LIEBLINGSREZEPT

Big Zac

» Ein großer Veggie-Burger auf orientalisch: Küchlein aus Zucchiniraspeln werden gebraten, dann kommen sie mit Feta und Olivensenf ins Fladenbrot. «

1. Die Zucchini waschen, putzen und grob raspeln. Petersilie waschen und trockenschütteln, die Blätter grob hacken und die Hälfte mit den Zucchiniraspeln mischen. Radicchioblätter mit warmem Wasser waschen, so schmecken sie nicht mehr so bitter.

2. In einer großen Pfanne 2 Esslöffel Olivenöl auf hoher Stufe erhitzen und darin die Zucchini in 4–5 Minuten unter Rühren bissfest braten, salzen und pfeffern und etwas abkühlen lassen.

3. Inzwischen die Oliven würfeln und mit dem Senf und der übrigen Petersilie vermischen. Den Feta zerbröckeln, das Fladenbrotstück würfeln und mit Ei und Milch mischen.

Zutaten für 4 Personen

600 g Zucchini
1 Bund glatte Petersilie
4 Radicchio-Blätter
5 EL Olivenöl
Salz, Pfeffer
50 g schwarze Oliven ohne Stein
4 EL scharfer Senf
200 g Feta
1 Stück Fladenbrot (50 g)
1 Ei
2 EL Milch
3 EL Mehl
1 Fladenbrot à ca. 250 g

Zubereitungszeit:
45 Minuten

4. Die warmen Zucchini mit dem Kartoffelstampfer etwas zerdrücken. Eingeweichtes Fladenbrot samt Mehl daruntermengen, sodass ein formbarer, nicht zu feuchter Teig entsteht. Mit Salz und Pfeffer abschmecken.

5. Restliches Öl in einer Pfanne erhitzen, von der Masse je 1 Esslöffel hineinsetzen und etwas flach drücken. Die Küchlein bei mittlerer Hitze auf jeder Seite 2–3 Minuten braten.

6. Das Fladenbrot vierteln, jedes Stück horizontal einschneiden. Das Brot nach Wunsch im Ofen anrösten. Je 1 Radicchioblatt hineingeben, darauf je 2 Küchlein mit 1 Esslöffel Olivensenf und etwas Feta setzen und die Burger gleich auf die Hand servieren.

Brokkoli-Pakora mit Kokos-Raita

Gemüse wird auf indische Art in einen Teig aus Kichererbsenmehl getunkt und frittiert. Dazu gibt es einen frischen Gurken-Kokos-Dip, in Indien Raita genannt.

1. Für das Raita die Gurke waschen, schälen und längs vierteln. Kernfleisch entfernen und die Gurkenviertel in etwa 5 Millimeter dicke Scheiben schneiden. Minze waschen und trockenschütteln, die Blätter grob hacken.

2. Gurkenstücke, Minze, Joghurt und Kokosmilch miteinander vermischen und mit Garam Masala würzen. Das Raita 1 Stunde durchziehen lassen und vor dem Servieren mit Salz abschmecken.

3. Für den Teig Kichererbsenmehl, Kurkuma, etwas Salz und das Sprudelwasser glatt verrühren. Brokkoli waschen und in kleine Röschen teilen. Den oberen Teil des Stiels schälen und in dünne Scheiben schneiden. Zugedeckt beiseite stellen.

Zutaten für 4 Personen

Für das Raita:

1 Salatgurke

4 Stängel Minze

150 g Joghurt

100 g Kokosmilch

¼ TL Garam Masala, ersatzweise Curry

Salz

Für die Pakora:

200 g Kichererbsenmehl (gibts im Orientladen)

1 EL gemahlene Kurkuma, Salz

¼ l zimmerwarmes Sprudelwasser

1 kg Brokkoli

1 ½ l Frittierfett

Zubereitungszeit:
30 Minuten + 1 Stunde Ruhezeit

4. Das Frittierfett in einem großen Topf auf 175–180 Grad erhitzen. Brokkoliröschen und -stiele in den Teig tauchen und nach und nach in jeweils 2–3 Minuten knusprig frittieren. Mit dem Raita servieren.

JETZT NOCH WAS!

Kichererbsenmehl macht Pakora aromatisch und luftig, fragen Sie mal im Bioladen danach. Mais- oder Reismehl ist eine Alternative, Weizenmehl geht auch – das schmeckt halt »normaler«.

Gemüse-Tempura

Verschiedene zarte Gemüsesorten werden nach japanischer Art in einem filigranen, aber ganz einfachen Teig ausgebacken und mit einem Soja-Ingwer-Dressing genossen.

Zutaten für 4 Personen

8 Lauchzwiebeln
2 x 400 ml Eiswasser (siehe Tipp)
200 g Shiitakes
1 rote Paprikaschote
200 g Zuckerschoten
2 cm frischer Ingwer
100 ml Sojasauce
100 ml Gemüsebrühe
100 ml Sake (japanischer Reiswein, ersatzweise Sherry)
1 ½ l Frittierfett
1 Eigelb
Salz
200 g Mehl

Zubereitungszeit:
45 Minuten

1. Lauchzwiebeln waschen, putzen und von der Wurzel gesehen auf 5 Zentimeter Länge zuschneiden. Die Stücke längs bis 1 Zentimeter vor den Wurzelansatz einschneiden und in eine Portion Eiswasser legen. Vom übrigen Grün 2 Esslöffel in Ringe schneiden und beiseite stellen.

2. Shiitakes mit einem Tuch abreiben und von den Stielen befreien, große Köpfe halbieren. Paprika waschen und mit dem Sparschäler die Schale abziehen. Schote vierteln, Stiel und Kerne entfernen, Fruchtfleisch in mundgerechte Stücke schneiden. Zuckerschoten im Sieb abbrausen und abtropfen lassen.

3. Ingwer schälen, fein reiben. Samt den Lauchzwiebelringen mit Sojasauce, Brühe und Sake verrühren und beiseite stellen.

4. Fett im großen Topf erhitzen. Die Lauchzwiebeln gut abtropfen lassen und trockentupfen. Für den Teig Eigelb mit ½ Teelöffel Salz verquirlen und mit 400 Milliliter Eiswasser verrühren. Mehl sieben und zügig einrühren (siehe Tipp).

5. Das Gemüse mit der Gabel durch den Tempura-Teig ziehen und im heißen Fett schnell ausbacken. Tempura mit einem Sieb herausfischen, abtropfen lassen und gleich mit der Sauce zum Dippen genießen.

JETZT NOCH WAS!

Mit dem Teig steht und fällt dieses Gericht: Für ihn braucht es wirklich eiskaltes Wasser. Dazu eine Schüssel voll Wasser in den Tiefkühler stellen, bis die Oberfläche anzufrieren beginnt. Wichtig ist auch, dass der Teig nur kurz verarbeitet wird – lieber ein paar Klumpen lassen, als zu lange rühren, denn das macht den Teig zäh.

HEISS UND KNUSPRIG »»

Chips mit Dips …

Wie Kartoffeln lassen sich auch viele Wurzel- und andere Gemüse knusprig in heißem Fett frittieren. Hier eine Auswahl mit passenden Dips.

VEGAN

Kürbis-Wedges mit Bananen-Ketchup

Für den Ketchup 1 Banane schälen und in Scheiben schneiden, dann mit 100 Gramm Tomatenketchup, dem Saft von ½ Limette und 1 Teelöffel braunem Zucker pürieren oder die Banane mit der Gabel fein zerdrücken und alles vermischen.

Zum Würzen der Kürbis-Wedges 1 Teelöffel Lieblingscurrypulver, 1 Teelöffel edelsüßes Paprikapulver und ½ Teelöffel Salz mischen.

Nun 1 kleinen Hokkaidokürbis (500 Gramm) mit möglichst makelloser Schale waschen. Den Kürbis halbieren, den Stiel- und Blütenansatz abschneiden und die Kerne mit einem Esslöffel herausstreichen. Die Kürbishälften in möglichst dünne Scheiben hobeln – Geübte machen das mit einem großen scharfen Messer, gut geht es ansonsten auch mit der Aufschnittmaschine oder einem großen Gemüsehobel.

1 ½ Kilogramm Frittierfett auf 170–180 Grad erhitzen. Je eine Handvoll der Kürbisscheiben in einer Schüssel in 1 Esslöffel Mehl wenden und ins heiße Fett geben. Die Kürbisscheiben darin knapp 1 Minute ausbacken, bis sie knusprig sind, anschließend herausfischen. Abtropfen lassen, auf Küchenpapier abfetten und heiß in einer Schüssel mit dem Gewürz mischen. Die Kürbis-Wedges mit dem Bananen-Ketchup servieren.

Kartoffelchips mit Senfmajo

Für die Senfmajo 8 Esslöffel mittelscharfen Senf mit 1 Esslöffel Sojasauce, 1 Teelöffel Honig, 1 Teelöffel Zitronensaft und etwas gemahlenem schwarzen Pfeffer verrühren. Dann unter Rühren mit dem Schneebesen nach und nach 5 Esslöffel gutes Olivenöl dazugeben.

600 Gramm festkochende Kartoffeln waschen und schälen, dann die Kartoffeln in dünne Scheiben hobeln. 1 ½ Kilogramm Frittierfett auf 170–180 Grad erhitzen.

Je eine Handvoll der Kartoffelscheiben ins heiße Fett geben und 1–2 Minuten ausbacken, bis sie knusprig sind. Herausfischen, abtropfen lassen, auf Küchenpapier abfetten und heiß in einer Schüssel mit 1 Teelöffel Salz mischen. Mit der Senfmajo servieren.

Auberginenchips mit Basilikum-Minz-Chutney

VEGAN

Für das Chutney 2 Bund Basilikum (wenn's Thai-Basilikum gibt, dieses nehmen) und 1 Bund Minze waschen und trockenschütteln, die Blätter abzupfen und grob hacken.

½ Limette heiß waschen und abtrocknen, die Schale dünn abreiben und den Saft auspressen. 1 Stück Ingwer (1 Zentimeter) und 1 kleine Knoblauchzehe abziehen. 1 grüne Chilischote putzen, längs halbieren und nach Bedarf die Kerne entfernen (dann ist's nicht so scharf.) Chili, Ingwer und Knoblauch grob hacken.

Alle vorbereiteten Zutaten mit 1 Teelöffel braunem Zucker, Limettenschale und Blättern im Mörser zerstoßen, Limettensaft und nach Geschmack Salz zugeben. Oder alles mit dem Mixstab zerkleinern, dann kommt der Saft gleich mit dazu.

Für die Chips 500 Gramm Auberginen waschen und in fingerdicke Scheiben schneiden. Diese quer in möglichst dünne Fritten schneiden.

1 ½ Kilogramm Frittierfett auf 170–180 Grad erhitzen. 3 Esslöffel Mehl mit 1 Teelöffel gemahlener Kurkuma mischen. Je 1 Handvoll Auberginen-Fritten darin wenden und im heißen Fett in knapp 1 Minute knusprig ausbacken. Abtropfen lassen, auf Küchenpapier abfetten und mit Salz würzen. Die Auberginenchips gleich mit dem Basilikum-Minz-Chutney servieren.

Wie hier die Auberginenchips wird jedes frittierte Gemüse auf Küchenpapier abgefettet, bevor man es würzt.

Schwarzwurzelfritten mit Sesamsalz

VEGAN

Ausgebacken schmeckt der Winterspargel besonders intensiv. Dazu gibt es »Gomasio mit Kick« – die japanische Salzmischung mit Orange und Pfeffer.

Zutaten für 4 Personen als Snack oder Beilage

1 EL grobes Meersalz
1 EL helle Sesamsamen
1 Bio-Orange
½ TL schwarzer Pfeffer, grob gemahlen
1 kleines Bund glatte Petersilie
8 möglichst dicke Schwarzwurzeln (ca. 500 g)
3 EL Mehl
3 EL heller Essig
1 kg Frittierfett

Zubereitungszeit: 30 Minuten

1. Das Meersalz in der heißen Pfanne etwa 1 Minute unter Rütteln rösten, bis es heiß ist. In eine Metallschüssel geben und abkühlen lassen. Inzwischen 1 Esslöffel Sesamsamen in die Pfanne geben und rösten, bis die Samen duften und goldbraun sind. Zum Salz geben.

2. Von der Orange die Hälfte der Schale fein abreiben und mit dem grob gemahlenen Pfeffer zum Sesamsalz geben. Dies leicht im Mörser zerstoßen – ansonsten eine kleine Metallschüssel und einen Schöpflöffel dazu nehmen. Die Orange in Achtel schneiden. Petersilie waschen und sehr gut trockenschütteln, die Blätter abzupfen.

3. Schwarzwurzeln sehr gründlich im Spülbecken abbürsten. In einer großen Schüssel 3 Liter Wasser mit Mehl und Essig verrühren. Die Schwarzwurzeln schälen – am besten mit Gummihandschuhen über der mit Wasser gefüllten Spüle, da der austretende Saft kleben kann. Die Schwarzwurzeln ins Essig-Mehl-Wasser geben.

4. Das Frittierfett auf 170–180 Grad erhitzen. Die Schwarzwurzeln schräg in 5 Millimeter dicke Scheiben schneiden und gut trockentupfen. Diese portionsweise im heißen Fett in 1–2 Minuten goldgelb ausbacken, in einer großen Schüssel mit dem Sesamsalz mischen und mit den Orangen zum Beträufeln anbieten.

JETZT NOCH WAS!

Noch interessanter und japanischer wird das Sesamsalz, wenn ein paar getrocknete Algen dazukommen, die man im Asia- oder Bioladen bekommt – mitmörsern kann man z. B. 1 Teelöffel der fädrigen Hijiki-Algen oder ½ zerzupftes Noriblatt (in die sonst Sushi gerollt werden).

Fenchel-Spinat-Salat mit Joghurt

Frischer Fenchel wird fein gehobelt und leicht eingesalzen, dann gemeinsam mit Babyspinat und Apfel angemacht. Der Clou: geröstete Walnüsse und Granatapfelkerne.

1. Den Fenchel waschen und die Stiele abschneiden, das Grün aufbewahren. Die Knollen vierteln, den Strunk herausschneiden und die Viertel quer in dünne Streifen hobeln oder schneiden. Mit ½ Teelöffel Salz vermischen und ziehen lassen.

2. Spinat waschen, trockenschleudern und Stiele abzupfen. Die Walnusskerne grob hacken und in einer trockenen Pfanne anrösten, bis sie duften. Granatapfelkerne herausklopfen, indem man mit dem Rücken eines Esslöffels auf die Schale schlägt.

Zutaten für 4 Personen

1–2 Fenchelknollen (400 g)
Salz
1 Handvoll Baby-Blattspinat
50 g Walnusskerne
¼–½ Granatapfel
100 g Joghurt
Saft von ½ Zitrone
4 EL Olivenöl
schwarzer Pfeffer
1 säuerlich-aromatischer Apfel (z. B. Topaz, Cox Orange)

Zubereitungszeit:
20 Minuten + 30 Minuten Durchziehen

3. Joghurt, Zitronensaft und Olivenöl mit reichlich Pfeffer und etwas Salz verrühren. Apfel waschen und samt Schale grob raspeln, bis nur noch der Strunk übrig ist.

4. Fenchel und Apfel mit dem Dressing vermischen und 15 Minuten durchziehen lassen. Dann Spinat, Walnüsse und Granatapfelkerne untermischen und gleich servieren. Dazu passt Fladenbrot.

JETZT NOCH WAS!

Bei diesem Salat kann das Blattgrün gerne wechseln. Greifen Sie auch mal zu Baby-Mangold (schön in bunt), Kapuzinerkresse oder Zitronenmelisse. Und gibts junge Brennnesseln – dann rein damit!

BLITZREZEPT

Champignons in Kerbelsahne

Rohe Champignonscheiben werden mit einem scharfsüßen Dressing angemacht und dann wie Carpaccio serviert – mit knusprigen Brotwürfeln als Extrabeigabe.

1. Die Zitrone auspressen und den Saft mit Senf, Apfelsaft und der Sahne verrühren. Mit Salz und weißem Pfeffer würzen.

2. Den Kerbel falls nötig waschen, ansonsten von den dicksten Stielen befreien – viele sind das nicht. Hacken, mit der Sauce verrühren.

3. Die Pilze mit einem trockenen Küchenpapier abreiben und die Stiele herausdrehen – sie kann man gut für Gemüsebrühe verwenden.

Zutaten für 4 Personen

1 Zitrone
2 TL mittelscharfer Senf
4 EL Apfelsaft
80 g Sahne
Salz, weißer Pfeffer
1 Handvoll Kerbel
600 g Egerlinge oder weiße Champignons
4 Scheiben helles Bauernbrot
4 EL Öl

Zubereitungszeit:
20 Minuten

4. Die Pilzkappen in dünne Scheiben schneiden.

5. Das Brot von der Rinde befreien und würfeln. In einer großen Pfanne das Öl erhitzen und die Brotwürfel darin bei mittlerer Hitze von allen Seiten anrösten.

6. Nun die Pilze mit der Sauce mischen, auf 4 flachen Tellern verteilen, die Brotwürfel darüberstreuen und mit weißem Pfeffer übermahlen. Gleich servieren.

Rohe Pilze sind was Feines – und wenn sie gezüchtet sind, braucht's kein Wasser, das nur Geschmack nimmt. Bloß mit Küchenpapier abreiben und Stiele entfernen.

DIE WAGNERS RATEN

BLITZREZEPT

Green Gun Cocktail

» Old fashioned in der Form, modern im Inhalt: ein grüner Cocktail aus Zuckerschoten und Kopfsalat, darüber ein Dressing aus Minztee, mit »Gunpowder« zubereitet. «

1. Die Zuckerschoten waschen und schräg in dünne Streifen schneiden.

2. Die Kopfsalatherzen im Ganzen kurz abspülen, putzen, halbieren oder vierteln und vom Strunk befreien, dann quer in feine Streifen schneiden.

3. Die Minze waschen und trockenschütteln, die Blätter zupfen. Etwa 15 Minzblätter mit Zuckerschoten und Salat mischen.

Zutaten für 4 Personen

200 g Zuckerschoten

2 Kopfsalatherzen (oder 1 kleiner Kopfsalat)

1 kleines Bund würzige Minze (keine Pfefferminze)

2 TL Zucker

1 TL grüne Teeblätter (am besten die eingerollten, »Gunpowder« genannten Blätter)

2 Limetten

Salz, weißer Pfeffer

4 EL Olivenöl

Zubereitungszeit: 20 Minuten

4. 100 ml Wasser mit dem Zucker aufkochen und die grünen Teeblätter sowie die übrigen Minzblätter hineingeben. Den Tee 3 Minuten ziehen lassen, dann in ein Sieb abgießen und auffangen.

5. Die Limetten auspressen, den Saft mit Salz und Pfeffer verrühren, dann den Tee und schließlich das Olivenöl langsam einrühren. Das Dressing abschmecken.

6. Die Gemüsemischung mit dem Dressing vermischen, in Cocktailgläser füllen und sofort mit kleinen Gabeln und Löffeln servieren.

Sommersalat mit Gurken und Früchten

Gurkenscheiben werden mit Nektarinen und Erdbeeren sowie Mozzarella und Basilikum vermischt und dabei mit einem süßscharfen Dressing angemacht.

1. Die Gurke schälen, dann der Länge nach halbieren und die Kerne mit einem Teelöffel herausstreichen. Die Hälften in dünne Scheiben schneiden.

2. Nektarinen und Erdbeeren waschen. Nektarinen am Stein entlang einschneiden, Hälften auseinanderdrehen und das Fruchtfleisch in dünne Scheiben schneiden. Die Erdbeeren entkelchen und halbieren.

3. Die Lauchzwiebel waschen und putzen, dann in feine Ringe schneiden. Basilikum waschen und trockenschütteln, die Blätter zupfen. Mozzarellabällchen kurz abspülen.

Zutaten für 4 Personen

1 Salatgurke
2 Nektarinen
250 g Erdbeeren
1 Lauchzwiebel
1 Bund Basilikum
150 g Mozzarellabällchen
1 EL eingelegte grüne Pfefferkörner
6 EL Olivenöl
3 EL Süßwein (z. B. Portwein oder süßer Sherry)
1 Zitrone
Salz

Zubereitungszeit:
30 Minuten

4. Pfefferkörner in einem Sieb mit kochendem Wasser übergießen. Dann mit 2 Esslöffel Öl und dem Süßwein 1 Minute in einem Töpfchen kochen lassen, vom Herd ziehen. Die Zitrone auspressen und den Saft mit dem übrigen Öl zur Pfeffermischung rühren.

5. Alle vorbereiteten Zutaten mit dem warmen Dressing vermischen, mit Salz würzen und gleich servieren.

JETZT NOCH WAS!

Sommerfrüchte und -gemüse ergänzen sich oft sehr gut. Auch Aprikosen, Pfirsiche, Melonen, Johannis- und Stachelbeeren geben Salaten erfrischende Süße. Statt Wein können auch Säfte dran.

Möhrenkäse leicht & mehr

Zweimal Möhren mit Käse als Dip zu Pellkartoffeln, Gemüsesticks oder aufs Brot – einmal leicht mit Frischkäse, einmal mit mehr Substanz als Vorspeise.

1. Die Möhren jeweils putzen, schälen und grob raspeln.

2. Für die leichte Version den Kerbel waschen, trockenschütteln und zupfen. Frischkäse mit der Hälfte der Möhren, Kerbel, Meerrettich und Honig vermengen, mit Salz und Pfeffer würzen.

Jetzt noch was!

Im Bioladen kann man den Möhrenkäse für die Mehr-Version finden, der mit Möhrensaft hergestellt wird und würzig-süßlich ist. Ein kräftiger Cheddar oder mittelalter Gouda passt auch gut.

Zutaten für 4–6 Personen

Für die leichte Version:

200 g Möhren
1 Handvoll Kerbel
200 g körniger Frischkäse
1 TL Meerrettich aus dem Glas
½ TL Honig
grobes Salz
weißer Pfeffer

Für die »Mehr-Version«:

200 g Möhren
150 g Möhrenkäse (siehe Tipp)
1 Bund Schnittlauch
1 EL mittelscharfer Senf
1 TL Zitronensaft
2 EL Pflanzenöl
grobes Salz

Zubereitungszeit:
je 10 Minuten

3. Für die Mehr-Version den Käse grob raspeln. Den Schnittlauch waschen, trockenschütteln und in Röllchen schneiden.

4. Schnittlauch, Senf, Zitronensaft und Öl miteinander verrühren, mit Salz würzen und dies mit den übrigen Möhren und dem geraspelten Käse vermischen. Beide Dips schmecken frisch am besten.

Shakerato Primavera

»Gurken, Radieschen und frisches Grün werden mit Kefir gemixt, am Ende kommen kurz noch Eiswürfel dazu. Kühlt an warmen Frühlings- und ersten Sommertagen.«

Zutaten für 4 Drinks à 250 ml

300 g frische Gurken
6 Radieschen mit Grün
1 Handvoll Frühlingskräuter (siehe Tipp)
500 g Kefir
Salz
schwarzer Pfeffer
8 Eiswürfel

Zubereitungszeit:
20 Minuten

1. Die Gurken waschen und putzen, samt Schale in dicke Scheiben schneiden. Radieschen gründlich waschen und putzen, dabei von den Knollen die Wurzeln und vom Grün die Stiele entfernen. Radieschenblätter werden mitverwendet. Die Radieschen grob hacken.

2. Kräuter waschen und trockenschütteln, von dicken Stielen befreien. Gurken, Radieschen samt Blättern und die Kräuter mit dem Kefir in einen Mixer geben (oder in einen Rührbecher für den Stabmixer). Alles grob mixen, sodass es noch stückig bleibt, und mit Salz und Pfeffer kräftig abschmecken.

3. Die Eiswürfel dazugeben und noch einmal kurz mixen, sodass sie sich nicht ganz auflösen. Den Shake in hohe Gläser füllen und gleich servieren.

DIE WAGNERS RATEN

Hier können alle Kräuter rein, die schmecken: Petersilie, Schnittlauch, Borretsch, Sauerampfer, Kerbel, Kresse, Zitronenmelisse, Dill oder Basilikum.

KLASSIKER

VEGAN

Gazpacho

» **Sommerfrische aus Spanien: Gurken, Paprika und Tomaten werden kalt püriert und mit Weißbrot sowie Olivenöl aufgemixt. Kann scharf sein, muss es aber nicht.** «

1. Den Knoblauch abziehen und grob hacken. Die Gurke schälen und in 2–3 Zentimeter dicke Scheiben schneiden.

2. Die Paprikaschote waschen und vom Stiel sowie den Kernen samt Kernwänden befreien. Die Tomaten waschen und vom Stielansatz befreien. Paprika und Tomaten grob würfeln, das Brot ebenso.

3. Knoblauch, Gurke, Paprika und Tomaten mit dem Brot, 2 Esslöffel Öl, Zitrone, Salz und Pfeffer in einen Mixer geben und pürieren. (Oder dies mit einem Mixstab erledigen.) Das Püree durch ein grobes Sieb streichen und abschmecken.

Zutaten für 4 Personen

1 Knoblauchzehe
½ Salatgurke
1 rote Paprikaschote
4 reife Tomaten
2 Scheiben Weißbrot
4 EL Olivenöl
etwa 1 TL Zitronensaft
Salz, Pfeffer

Zubereitungszeit:
20 Minuten + 1 Stunde Durchziehen

4. Die Gazpacho für 2 Stunden gut zugedeckt in den Kühlschrank stellen und anschließend mit Röstbroten servieren. Sie schmeckt frisch gemacht am besten.

JETZT NOCH WAS!

Für weiße Gazpacho Knoblauch, Gurke und Brot genauso vorbereiten. Mit ¼ Liter Milch, ½ Liter Sprudel, 100 Gramm Mandeln, 80 Milliliter Olivenöl, 2 Esslöffel Sherry-Essig, Salz und Pfeffer mixen.

PROBIER'S MAL: RADIESCHEN

Was so hübsch aussieht, muss einfach für mehr als nur den Biergarten taugen. Tatsächlich können die kleinen Knollen Salatsaucen schärfen, Rohkost bunter und würziger machen oder gegart Gemüsegerichten den Kick geben. Und ihre Blätter sind eine Delikatesse für sich.

Gut gewaschen

Radieschen werden meistens auf sandigem Boden gezogen, dessen feines Korn tief im Blattgrün stecken kann. Daher werden sie am besten mehrmals gründlich gewaschen. Dazu vorsichtig das Gummiband vom Blattgrün entfernen – mit einem Schnitt, sonst verschwinden die Stücke schnell im Grün. Dann die Knollen samt Blättern in die Spüle voll kaltem Wasser geben und kurz schwimmen lassen. Rausfischen, Wasser ablassen und den Sand am Spülenboden wegspülen. Das noch ein- bis zweimal wiederholen, bis das Wasser ganz klar ist – am besten mal ein paar Blätter naschen. Knirscht's, müssen die Radieschen noch mal baden.

Bitte mit Grün

Wer Radieschen für den Salat gekauft hat, braucht keinen Rucola mehr und Kresse auch nicht. Denn die Blätter der aus der gleichen Familie stammenden pink-weißen Wurzeln schmecken schön pfeffrig-frisch – so sehr, dass sie am besten gemischt mit anderem Grün in den Salat kommen. Dazu eine sahnige Vinaigrette mit den fein gewürfelten Knollen drin – fertig ist die würzige Überraschung.

Gib ihnen Feuer

In Frankreich sind glasierte Radieschen ein Klassiker. Dazu werden sie ähnlich wie Möhren in Butter mit etwas Salz und 1 Prise Zucker angedünstet und dann langsam im eigenen Saft gegart. Sie werden dabei etwas blasser, und ihre Schärfe mildert sich ab zugunsten eines volleren Aromas. Kommt das Grün ganz zum Schluss dazu, kriegen die Radieschen noch mehr Frische. Auch in Schmorgemüse oder mariniert und gedämpft sind Radieschen eine interessante Beilage.

So geht's auch

Die Stiele zwischen Knolle und Blatt und selbst die kleinen Wurzelfäden haben Radieschen-Aroma. Wenn sie schön frisch und gut gewaschen sind, können sie klein geschnitten in ein Salatdressing oder in den Ansatz fürs Dünsten und Schmoren kommen – das gibt noch mal extra Geschmack.

<u>Mehr dazu:</u> Bruschetta mit Radieschen (Seite 20), Shakerato Primavera (Seite 51), Radieschensalat mit Orangen (Seite 56), Gedämpfte Radieschen mit Tofu (Seite 57), Rahmradieserl mit Brezenknödeln (Seite 150), Speisekammer Radieschen (Seite 221)

Radieschensalat mit Orangen

VEGAN

Radieschen samt Grün werden mit einem ungewöhnlich gewürzten Orangendressing angemacht, sodass alle Geschmacksrichtungen von süß bis herb hier vertreten sind.

Zutaten für 4 Personen

1 rote Zwiebel
1 Bund Radieschen samt Grün
2 Bio-Orangen
1 Knoblauchzehe
4 Zweige Thymian
1 getrocknete Chilischote
1 TL Sumac (Essiggewürz, gibts beim Türken)
1 TL gemahlener Kreuzkümmel
½ TL brauner Zucker
Salz
Saft von 2 Zitronen
6 EL Olivenöl

Zubereitungszeit: 30 Minuten

1. Die Zwiebel längs halbieren, abziehen und quer in Streifen schneiden. Die Streifen für 10 Minuten in eiskaltes Wasser legen, so werden sie mild und knackig zugleich.

2. Die Radieschen samt Grün in stehendem Wasser mehrmals gründlich waschen, bis keine Erde mehr im Wasser ist. Die Wurzelfäden entfernen, das Grün abschneiden und die Blätter von den Stielen zupfen.

3. Die Orangen heiß waschen, und abtrocknen, von ½ Orange die Schale dünn abreiben. Beide Orangen gut schälen und dabei so viel Weißes wie möglich entfernen. Die Früchte halbieren, das weiße Innere entfernen und das Fruchtfleisch mundgerecht würfeln.

4. Knoblauch abziehen und würfeln. Thymianblättchen abstreifen. Diese beiden Zutaten mit Chilischote, Sumac, Kreuzkümmel, Zucker, Salz und Orangenschale im Mörser oder Blitzhacker fein zermahlen. Den Zitronensaft mit der Würzmischung verrühren, dann das Öl darunterrühren.

5. Zwiebeln, Radieschen und Orangen mit dem Dressing vermengen und gleich servieren. Dazu schmeckt Fladenbrot.

Jetzt noch was!

Besonderes Aroma gibt hier getrocknete Orangenschale. Dazu diese dünn mit dem Sparschäler abziehen und im Ofen auf einem Gitter bei 80 Grad 2 Stunden trocknen. Abgekühlt mörsern.

VEGAN

Gedämpfte Radieschen mit Tofu

Ein Rezept für Liebhaber des Ungewöhnlichen: Die Knollen werden samt Grün in Sojasauce mariniert, dann auf Tellern gedämpft und mit heißem Sesamsalz vollendet.

1. Radieschen gründlich waschen, Wurzelfäden entfernen, unschöne Blätter ausputzen und die Knollen samt Grün halbieren, größere auch vierteln. Zitronenmelisse waschen, trockenschütteln und zupfen.

2. Zitrone heiß abwaschen und trockenreiben, die Hälfte der Schale dünn abreiben und den Saft auspressen.

3. Sojasauce mit Zitronensaft und -schale sowie Zucker verrühren, dies mit den Radieschen und der Zitronenmelisse vermengen.

4. Tofu quer in 12 Scheiben schneiden. Diese auf 2 Teller verteilen, Radieschen samt Marinade darübergeben und alles 30 Minuten bei Zimmertemperatur ziehen lassen.

Zutaten für 4 Personen

2 Bund Radieschen
1 Bund Zitronenmelisse
½ Bio-Zitrone
4 EL Sojasauce
2 TL Zucker
600 g Tofu (aus dem Bio- oder Asialaden)
2 EL helle Sesamsamen
½ TL Meersalz
schwarzer Pfeffer

Zubereitungszeit:
30 Minuten + 30 Minuten Durchziehen

5. In 2 großen Pfannen, zu denen ein Deckel passt, zwei Fingerbreit Wasser aufkochen. Eine flache Tasse oder Schale ins Wasser stellen, die Teller mit dem Tofu und der Radieschenmarinade daraufstellen und die Zutaten zugedeckt 10 Minuten dämpfen.

6. Inzwischen in einem trockenen Töpfchen Sesam und Salz mit 1 ordentlichen Prise Pfeffer goldbraun rösten.

7. Die Teller mit den gedämpften Zutaten mit einem Küchentuch aus der Pfanne heben. Tofu und Radieschenmarinade auf vier kleine Teller verteilen, mit Sesamsalz bestreuen und gleich servieren.

Gemüse *pur*

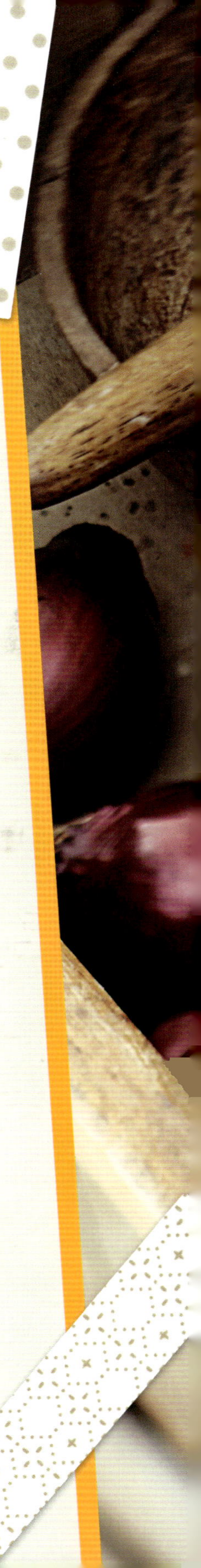

... UND DANN KOMMT DER HAMMER ›››

Gemüse im Salzmantel ...

» In ihrer Schale gut geschützte Knollen werden mit einem Salzteig umhüllt und im Ofen fest darin eingebacken. Und dann kommt der Hammer. «

Rote Zwiebeln mit Ziegenkäsecreme

Von 12 kleinen roten Zwiebeln (500–600 Gramm) die losen Schalen entfernen, dabei darauf achten, dass sie noch ganz von anliegenden trockenen Schalen umhüllt sind. Den Ofen auf 220 Grad vorheizen (Umluft 200 Grad).

2,5 Kilogramm Salz mit 2 Eiweiß und ¼ Liter kaltem Wasser vermengen, sodass eine formbare Masse entsteht. Ein tiefes Backblech mit Backpapier belegen.

Zwei Drittel der Salzmischung auf dem Backpapier glatt verstreichen, die Zwiebeln etwas hineindrücken. Das übrige Salz darüber verteilen und um die Zwiebeln formen, so dass sie gleichmäßig eingehüllt sind. Die Zwiebeln im heißen Ofen auf mittlerer Schiene 50–60 Minuten garen, bis das Salz hart ist.

Inzwischen für den Dip 1 kleines Bund Basilikum waschen und trockenschütteln, die Blätter hacken. 100 Gramm Ziegenfrischkäse mit je 50 Gramm weicher Butter und saurer Sahne mit der Gabel zerdrücken, das gehackte Basilikum untermischen.

Das Backblech mit den gegarten Zwiebeln in Sichtweite der Gäste abstellen (aber nicht zu nah, da gleich heiße Salzkruste fliegen kann) und mit einem Hammer den Salzmantel aufklopfen. Die roten Zwiebeln ganz vom Salz befreien und mit der Ziegenkäsecreme zu Tisch bringen.

VEGAN

Mairüben mit Stielmusdip

12 Mairüben (etwa 600 Gramm) waschen und das Grün entfernen, dabei darauf achten, dass die Schale nicht verletzt wird. Grün beiseite legen. Den Ofen auf 220 Grad vorheizen (Umluft 200 Grad).

Die Rüben wie die roten Zwiebeln im Rezept links in einer Mischung aus 2,5 Kilogramm Salz, 2 Eiweiß und ¼ Liter kaltem Wasser auf einem mit Backpapier ausgelegten Blech umhüllen und im heißen Ofen 50–60 Minuten garen, bis die Salzhülle hart ist.

Inzwischen für den Dip das Grün putzen, dabei Blätter und Stiele trennen. Die Stiele in feine Scheiben schneiden, die Blätter hacken. Beides mit 2 Esslöffel Obstessig, 1 Esslöffel körnigem

Senf und 4 Esslöffel Sonnenblumenöl verrühren. Kräftig mit Salz und Pfeffer würzen.

Die Rüben wie die Zwiebeln im ersten Rezept links aus dem Salz hämmern und mit dem Stielmusdip servieren.

Ofensalzkartoffeln mit Schnittlauchquark

8 nicht zu kleine vorwiegend festkochende oder noch besser mehlige Kartoffeln gründlich waschen, ohne die Schale zu verletzen. Den Ofen auf 220 Grad vorheizen (Umluft 200 Grad).

Die Kartoffeln wie die roten Zwiebeln im ersten Rezept ganz links in einer Mischung aus 2,5 Kilogramm Salz, 2 Eiweiß und ¼ Liter kaltem Wasser auf einem mit Backpapier ausgelegten Blech umhüllen und im heißen Ofen 50–60 Minuten garen, bis die Salzhülle hart ist.

Inzwischen für den Dip 1 Bund Schnittlauch waschen und trockenschütteln, dann in Röllchen schneiden. 250 Gramm Magerquark mit 100 Gramm Dickmilch oder Joghurt, 4 Esslöffel Lein- oder Rapsöl und 2 Teelöffel Meerrettich aus dem Glas verrühren und mit Salz und weißem Pfeffer würzen.

Die Kartoffeln wie die Zwiebeln im ersten Rezept links aus dem Salz hämmern und mit dem Schnittlauchquark servieren.

Der Hammer? Lieber dick als dünn.

Zum Aufklopfen der Salzkruste ist ein dicker Gummihammer besonders gut geeignet, ein Eisenhammer, insbesondere ein schmaler, macht vor allem Löcher in Kruste und Gemüse.

Geschützt durch ihre Schale kommen die Gemüse in die Mischung aus Salz, Wasser und Eiweiß. Was daraus wird, sehen Sie nach dem Umblättern auf Seite 62–63.

Liegt gut im Salz

Spargel in der Folie

Eine ordentliche Portion Spargel wird mit Estragonbutter fest in Alufolie gepackt und gart dann im Ofen in seinem eigenen Dampf und Sud.

1. Vom Spargel 1–2 Zentimeter an den Enden abschneiden – je nach dem wie trocken die Anschnitte sind. Dann die Stangen, unterhalb der Spitze beginnend, gründlich schälen. Dabei den Schäler öfter in kaltes Wasser tauchen, dann bleiben die Schalen nicht hängen. Spargel der Länge nach halbieren, die Stangen in etwa 6 Zentimeter lange Stücke schneiden.

Zutaten für 4 Personen

2 kg weißer Spargel
8 Stängel Estragon
½ Päckchen weiche Butter (125 g)
½ TL Salz
½ TL Zucker
Sojasauce, Zitronensaft
extrastarke oder doppelt gelegte Alufolie

Zubereitungszeit:
1 Stunde 15 Minuten

2. Estragon waschen, trockenschütteln und die Blättchen hacken. Diese mit Butter, Salz, Zucker sowie je 1 Spritzer Sojasauce und Zitrone vermengen.

3. Den Ofen auf 200 Grad vorheizen (Umluft 180 Grad). 4 etwa DIN-A4-große Bögen Alufolie mit etwas Estragonbutter bestreichen. Den Spargel darauf in der Mitte verteilen, die übrige Butter daraufgeben, die Folie von allen Seiten darüberfalten und fest zufalzen.

4. Folienpäckchen auf ein Blech setzen und den Spargel auf der mittleren Schiene im heißen Ofen 45 Minuten garen.

5. Päckchen auf Teller geben und sofort in der Folie servieren. Dazu schmecken Pellkartoffeln.

JETZT NOCH WAS!

Das Garen in der Folie dauert zwar länger als das Kochen, doch Duft und Aroma des Spargels sind herrlich intensiv. Und die Butter ist gleich mit drin. Wichtig für guten Dampf: fest verschließen.

Chicorée mit Roquefort in der Folie

Die Salatstauden werden samt Strunk geviertelt und garen dann mit Blauschimmelkäse und Süßwein unter Alu-Schutz – ein Gericht für Liebhaber.

Zutaten für 4 Personen

4–6 Chicorée (je nach Größe)
100 g Pinienkerne
extrastarke oder doppelt gelegte Alufolie
4 TL weiche Butter
Salz, weißer Pfeffer
200 g Roquefort
50 ml Süß- oder Portwein, ersatzweise Gemüsefond
1 Bund Basilikum

Zubereitungszeit:
1 Stunde

1. Die Chicorée samt Strunk längs vierteln und kalt abbrausen. Pinienkerne in einer trockenen Pfanne goldgelb rösten.

2. 4 DIN-A4-Bögen Alufolie mit je 1 Teelöffel Butter bestreichen. Den Chicorée in der Mitte daraufgeben, mit Salz und Pfeffer würzen. Die Pinienkerne darüberstreuen, Roquefort in Stücken darauf verteilen.

3. Den Ofen auf 200 Grad vorheizen (Umluft 180 Grad). Die Folien von den Rändern her nach oben falten, jeweils einen Schuss Wein über alles geben und die Folien fest zufalzen.

4. Die Folienpäckchen auf ein Blech setzen und den Chicorée 30 Minuten im heißen Ofen (Mitte) garen. Basilikum waschen und trockenschütteln, die Blätter abzupfen. Die Chicorée-Päckchen öffnen, mit Basilikumblättchen bestreuen und gleich servieren. Dazu passt Baguette.

DIE WAGNERS RATEN

Wir finden, Chicorée darf ruhig ein bisschen bitter sein, sonst ist's keiner. Wer's milder will, wäscht ihn in warmem Wasser. Hilft auch bei Radicchio oder Friséesalat.

Möhren im Papier mit Senfbutter

»En papillote« heißt das Verfahren, bei dem hier zarte Möhrenbänder mit würziger Butter dank durchlässigem Papiersäckchen mehr schmoren als dämpfen.

1. Die Möhren putzen und schälen, dann mit dem Sparschäler der Länge nach in dünne »Bandnudeln« hobeln. Diese in einer Schüssel mit ½ Teelöffel Salz mischen, damit sie biegsamer werden.

2. Inzwischen die weiche Butter mit dem Senf verkneten und mit Salz, Pfeffer und je 1 Spritzer Sauce und Zitronensaft abrunden.

3. Den Ofen auf 200 Grad vorheizen (Umluft 180 Grad). Das Backpapier scharf der Länge nach falten und mit einem Messer an der Falte entlang halbieren. Nun die beiden Streifen auf die gleiche Weise noch einmal quer halbieren.

Zutaten für 4 Personen

600 g dicke Möhren
Salz
60 g weiche Butter
2 EL körniger scharfer Senf
weißer Pfeffer
Worcester- oder Sojasauce, Zitronensaft
1 Bogen Backpapierzuschnitt
Küchengarn

Zubereitungszeit:
45 Minuten

4. Nun in die Mitte der 4 entstandenen Quadrate je 1 kompakten »Ball« aus Möhrennudeln geben. Darauf je 1 guten Teelöffel Senfbutter platzieren.

5. Das Papier von den Ecken her über den Möhren zusammenschlagen und mit Küchengarn wie einen Sack zubinden. Diese Papiersäckchen in eine ofenfeste Form oder aufs Backblech setzen und die Möhren im heißen Ofen (Mitte) in 15–20 Minuten garen. Verschlossen auf Tellern servieren.

LIEBLINGSREZEPT

Grüner Ofenspargel mit Ziegenkäse

» Ganze Spargelstangen bräunen unter einer Decke aus Austernpilzen mit Frischkäse sanft und langsam im Ofen. Und als besonderer Clou: eine Prise Dill. «

Zutaten für 4 Personen

800 g grüner Spargel
Salz
4 EL Olivenöl
Zucker
200 g Austernpilze
4 Stängel Dill
1 kleine Knoblauchzehe
Pfeffer
200 g Ziegenfrischkäse

Zubereitungszeit:
50–60 Minuten

1. Den Spargel waschen und die Enden etwas einkürzen – je frischer sie sind, desto weniger wird abgeschnitten. Die Stangen nach Belieben im unteren Viertel schälen.

2. In einem großen Topf 4 Liter Salzwasser mit 1 Esslöffel Öl und ½ Teelöffel Zucker aufkochen. Der grüne Spargel kann wie der weiße im Bündel oder lose ins Wasser kommen. Darin wird er je nach Dicke in 5–8 Minuten noch recht knackig gekocht (bissfest ist er in 8–10 Minuten) und anschließend herausgeholt.

3. Inzwischen die Pilze putzen und in mundgerechte Stücke zerpflücken. Den Dill waschen und trockenschütteln, die Spitzen grob hacken, den Knoblauch abziehen und würfeln. Beides mit 1 Esslöffel Öl, Salz und Pfeffer mit den Austernpilzen vermischen.

4. Den Backofen auf 120 Grad (Umluft 100 Grad) vorheizen, eine flache Gratinform mit dem restlichen Öl ausstreichen. Den Spargel darin verteilen (er soll sich ein wenig stapeln). Frischkäse zerbröckeln und wie die Austernpilze lose darüber verteilen.

5. Nun den Spargel auf der mittleren Schiene für 30–40 Minuten in den Ofen schieben, bis er am Ende leicht gebräunt ist. Ansonsten kurz den Grill anschalten.

BLITZREZEPT

Gratinierte Avocados

In die Höhlung der reifen Früchte kommt eine Senfpaste, darauf je ein Eigelb, dann wird alles mit Parmesan darüber in den Ofen geschoben.

1. Den Ofen auf 200 Grad vorheizen (Umluft 180 Grad). Die Schalotten abziehen und würfeln. Mit 2 Teelöffel Essig, dem Senf sowie Salz und Pfeffer verrühren.

2. Die Avocados am Stein entlang rundum längs einschneiden, die Hälften gegeneinander drehen und voneinander lösen. Den Stein entfernen und die Avocadohälften, Schnittfläche nach oben, in eine Auflaufform setzen. Nun die Avocados mit dem übrigen Essig beträufeln und mit Salz und Pfeffer bestreuen.

3. In die Hohlräume je 1 Löffelchen des Schalottensenfs geben und darauf je 1 Eigelb. Das Ganze grob mit Parmesan überhobeln und für 10–15 Minuten in den heißen Ofen schieben, bis das Eigelb fast fest ist. Dann gleich mit Weißbrot servieren.

Zutaten für 4 Personen

- 2 Schalotten
- 4 TL Rotweinessig
- 4 TL mittelscharfer Senf
- Salz, schwarzer Pfeffer
- 2 reife Avocados
- 4 Eigelb
- 50 g Parmesan am Stück

Zubereitungszeit:
30 Minuten

Das Foto zum Rezept finden Sie auf Seite 72.

Das Aroma der Avocado kann durch Wärme noch betont werden – die Frucht aber bitte behutsam und nur kurz erhitzen, sonst schmeckt sie nach gar nichts mehr.

DIE WAGNERS RATEN

BLITZREZEPT

Gefüllte Champignons

» Die Stiele der Köpfe werden fein gehackt und kehren dann mit Mozzarella und viel Würzigem wieder an ihren Platz zurück, bevor sich das Ganze im Ofen aromatisch verbindet. «

1. Die Champignons falls nötig mit Küchenpapier abreiben, die Stiele am Anschnitt nachschneiden, dann diese hacken. Tomaten würfeln, Oliven in Scheiben schneiden.

2. Zitrone heiß waschen, abtrocknen und ¼ der Schale fein abreiben. Rucola waschen und trockenschütteln, nicht zu fein hacken. Gehackte Champignonstiele, Tomaten, Oliven und Rucola mit 1 Spritzer Zitronensaft und der abgeriebenen Schale sowie 3 Esslöffel Olivenöl vermischen. Mit Salz und Pfeffer abschmecken. Mozzarellabällchen abtropfen lassen und damit vermengen.

3. Den Ofen auf 180 Grad vorheizen (Umluft 160 Grad). Eine ofenfeste Form mit dem übrigen Öl ausstreichen und die Pilzkappen mit der Öffnung nach oben hineinsetzen. In jeden 1 Mozzarellabällchen samt Dressing setzen, den Rest darübergeben und zwischen den Pilzen verteilen.

4. Die gefüllten Champignons auf der mittleren Schiene in den heißen Ofen schieben und in 15–20 Minuten garen. Mit Weißbrot servieren.

Zutaten für 4–6 Personen

- 20 große Champignons
- 4 getrocknete Tomaten
- 50 g schwarze Oliven ohne Stein
- 1 Bio-Zitrone
- 1 kleine Handvoll Rucola
- 4 EL Olivenöl
- Salz, schwarzer Pfeffer
- 200 g Mozzarellabällchen (mindestens 20 Stück)

Zubereitungszeit: 45 Minuten

Das Foto zum Rezept finden Sie auf Seite 73.

JETZT NOCH WAS!

Wenn Sie die handgroßen Portobello-Champignons bekommen, bereiten Sie das Rezept auch mal mit diesen zu. Dann reicht ein Pilz pro Person, und Sie können Mozzarellascheiben nehmen.

ZUM AUSLÖFFELN GUT

Grüne Tomaten mit Mangoketchup

Dicke Scheiben von festen Früchten werden in gewürztem Maisgrieß gewendet und in Öl gebraten. Dazu ein pikanter Mix aus frischer Mango und Ketchup.

Zutaten für 4 Personen

- 1 reife Mango
- 2 Lauchzwiebeln
- 1 kleine rote Chilischote
- 1 TL brauner Zucker
- 1 TL Apfelessig
- 1 TL Sojasauce
- 5 EL Tomatenketchup
- 4 feste grüne bis rötliche Tomaten (z. B. Mirinda)
- 3 EL Polentagrieß
- 1 TL getrockneter Oregano
- 1 TL Paprikapulver edelsüß
- 4 EL Olivenöl

Zubereitungszeit: 30 Minuten

1. Für den Ketchup von der Mango das Fruchtfleisch auslösen. Dazu mit einem langen Messer oberhalb und unterhalb des flachen Steins entlangschneiden, bis das Fleisch gelöst ist. Diese Stücke nochmals der Länge nach halbieren und das Fleisch von der Schale schneiden. Nun noch die Schale am Stein entfernen und dort das Fleisch ablösen.

2. Die Lauchzwiebeln und Chilischote waschen, putzen und in Ringe schneiden. Beides mit Mangofleisch, Zucker, Essig, Sojasauce und Ketchup im Mixer oder mit dem Mixstab pürieren.

3. Tomaten waschen, vom Stielansatz befreien und in gut 1 Zentimeter dicke Scheiben schneiden. Polentagrieß mit Oregano und Paprikapulver in einem tiefen Teller mischen.

4. Öl in einer großen Pfanne erhitzen. Tomaten nach und nach in der Grießmischung wenden und im heißen Öl bei mittlerer Hitze auf jeder Seite in etwa 30 Sekunden goldgelb braten, ohne dass sie zerfallen. Mit dem Mangoketchup servieren.

JETZT NOCH WAS!

Sind Tomaten grün, weil sie unreif sind, enthalten sie viel Solanin, das auf den Magen schlägt. Sobald sie sich auch nur leicht verröten, ist es großenteils verschwunden – ebenso bei grün gezüchteten Sorten.

Gefüllte Paprika

Bunte Schoten werden ganz ohne Fleisch mit einer mediterranen Brotmischung gefüllt und dann mit Tomaten im Ofen gegart, bis sie saftig und leicht gebräunt sind.

1. Die Paprika waschen und den Deckel samt Stiel abschneiden. Die Samenwände samt Samen aus dem Inneren herauslösen. Die frischen Tomaten waschen und vom Stielansatz befreien, dann würfeln.

2. Das Weißbrot entrinden und fein schneiden. Petersilie waschen und trockenschütteln, die Blättchen hacken. Knoblauch abziehen und fein würfeln.

3. Das Weißbrot mit Petersilie, Knoblauch, Parmesan und Kapern vermischen. Mit Pfeffer würzen und nach und nach 5 Esslöffel Olivenöl daruntermengen.

4. Den Ofen auf 200 Grad vorheizen. Tomaten mit übrigem Öl mischen, mit Salz und Pfeffer würzen und in eine Auflaufform geben. Paprika mit der Weißbrotmischung großzügig füllen und in die Form setzen. Die Deckel aufsetzen.

5. Die gefüllten Paprika im heißen Ofen auf der mittleren Schiene 30–40 Minuten garen, bis das Fruchtfleisch weich ist und sie leicht gebräunt sind. Mit der Tomatensauce servieren. Dazu schmeckt Ciabatta oder Reis.

Zutaten für 4 Personen

4 bunte Paprikaschoten (in Rot, Grün, Gelb und falls vorhanden auch in Orange)
400 g frische Tomaten (oder stückige Tomaten aus der Dose)
4 Scheiben frisches italienisches Weißbrot
1 Bund glatte Petersilie
2 Knoblauchzehen
4 EL Parmesan, frisch gerieben
2 EL Kapern
schwarzer Pfeffer
7 EL Olivenöl

Zubereitungszeit:
1 Stunde

JETZT NOCH WAS!

Für dieses Rezept eignen sich am besten gedrungene Paprikaschoten. Je bunter, desto schöner. Mit der in diesem Rezept beschriebenen Füllung können Sie aber auch Auberginen zubereiten.

Mangoldröllchen mit Estragon

In die grünen Blätter werden die hellen Stiele gerollt, nachdem sie mit Sahne gedünstet und mit Senf abgeschmeckt wurden. Das gart dann mit Brühe im Ofen.

1. Den Mangold vom Strunk befreien und die Blätter waschen. Die Stiele aus den großen Blättern herausschneiden, ohne diese ganz zu zerteilen. Es sollten 8 gleichmäßig große Blätter verbleiben. Stiele und kleine Blätter klein schneiden. Die Schalotten abziehen und würfeln. Estragon waschen und trockenschütteln, die Blättchen hacken.

2. In einem Topf 2 Esslöffel Öl erhitzen und darin die Schalotten 2 Minuten bei mittlerer Hitze glasig dünsten. Klein geschnittene Mangoldstiele und -blättchen mit den Pfefferkörnern darin 1 Minute andünsten. Mit 1 kräftigen Prise Salz und 1 kleinen Prise Zucker würzen.

Zutaten für 4 Personen

1 Mangold
2 Schalotten
6 Stängel Estragon (oder Dill)
4 EL Öl
1 TL rote Pfefferkörner
Salz, Zucker
100 g Sahne
2 Eigelbe
1 EL mittelscharfer Senf
weißer Pfeffer
100 ml heiße Gemüsebrühe

Zubereitungszeit: 45 Minuten

3. Die Sahne angießen und fast einkochen lassen. Den Topf vom Herd ziehen und die Eigelbe einrühren, sodass das Gemüse gebunden wird. Den Senf und Estragon einrühren. Mit weißem Pfeffer abschmecken.

4. Den Ofen auf 200 Grad vorheizen. Mangoldblätter ausbreiten, die Masse darauf verteilen. Die Blätter von der Seite darüberschlagen und der Länge nach aufrollen.

5. Eine Auflaufform mit dem restlichen Öl ausstreichen, die Röllchen hineinsetzen und die Brühe darübergießen. Nun die Mangoldröllchen 20 Minuten im heißen Ofen auf der mittleren Schiene garen. Dazu schmeckt Reis.

Gurkenstöpsel mit Chili

VEGAN

Gurkenstücke werden eingeschnitten und asiatisch mariniert, dann kommen sie in den Ofen, wo sie halb dünsten, halb dämpfen.

Zutaten für 4–8 Personen

2 Salatgurken
2 Lauchzwiebeln
2–3 kleine rote Chilischoten
2 EL aromatischer Essig (z. B. chinesischer brauner Reisessig oder Sherryessig)
2 TL brauner Zucker
2 EL Sojasauce
4 EL Salatöl

Zubereitungszeit:
45 Minuten + 30 Minuten Durchziehen

1. Die Gurken waschen und schälen, die Spitzen abschneiden. Jede Gurke in 4 Stücke schneiden, diese auf einer Schnittfläche aufstellen und von oben gitterförmig bis etwas über die Hälfte einschneiden.

2. Die Lauchzwiebeln waschen, putzen und nur das Weiße in feine Ringe schneiden, den Rest für eine Brühe o. Ä. aufbewahren. Die Chilischoten putzen, halbieren und mit (dann wird's schärfer) oder ohne Kerne quer in feine Streifen schneiden.

3. Lauchzwiebeln und Chilischoten mit Essig, Zucker und Sojasauce verrühren, dann das Öl einrühren. Die Gurkenstöpsel in einem Topf damit vermischen und 30 Minuten ziehen lassen.

4. Nun die Gurken mit der eingeschnittenen Schnittfläche nach oben in dem Topf aufstellen. Mit der Marinade beträufeln. Deckel daraufgeben und die Gurken bei kleiner Hitze in 20–25 Minuten bissfest garen.

5. Die Gurkenstöpsel samt Sud einzeln als Beilage oder zu zweit mit Reis dazu servieren.

JETZT NOCH WAS!

Dieses asiatisch inspirierte Rezept schmeckt besonders toll mit dem dunklen Reisessig, den Sie im Asialaden bekommen und der ganz anders als heller schmeckt. Die Suche lohnt sich, auch für Salate.

LIEBLINGSREZEPT

Blumenkohlkoteletts in Kapernbutter

» Der Kohlkopf wird samt Strunk (als »Kotelettknochen«) in Scheiben geschnitten und dann in einer würzigen Buttermischung langsam knusprig gegart. «

1. Den Blumenkohl ganz von den Außenblättern befreien und den Strunk etwas kürzen, aber nicht herausschneiden – er ist der »Kotelettknochen«. Den Blumenkohl quer in daumendicke Scheiben schneiden und diese kurz in kaltes Salzwasser legen, das treibt Raupen raus. Übrigen Kohl, der nicht mehr am Strunk sitzt, in Röschen teilen.

2. Die Kresse mit einer Schere abschneiden und mit den Oreganoblättchen und den Kapern (größere klein hacken) zur Butter geben, dies mit Zitronensaft und Öl vermischen – das Öl verhindert, dass die Butter zu schnell bräunt beim Braten. Mit Salz und Pfeffer würzen.

Zutaten für 4 Personen

1 fester Kopf Blumenkohl

1 Kästchen Kresse

1 TL Oreganoblättchen, frisch oder getrocknet

1 EL möglichst kleine Kapern

100 g weiche Butter

1 TL Zitronensaft

4 EL Öl

Salz, weißer Pfeffer

100 g Mehl

Zubereitungszeit: 30 Minuten

3. In einer großen Pfanne die Kapernbutter bei mittlerer Hitze aufschäumen lassen. Derweil die Blumenkohlkoteletts im Mehl wenden und in die heiße Butter legen, die Röschen dazugeben. Die Koteletts auf jeder Seite 3–4 Minuten unter öfterem Beschöpfen braten, dann samt der Butter servieren. Dazu schmecken Salzkartoffeln.

JETZT NOCH WAS!

Blumenkohl roh braten? Das geht, wenn Sie es wie hier langsam und sanft in einer Butter-Öl-Mischung machen. Für mehr Aroma kann es gerne Olivenöl sein. Wetten, es bleibt nichts übrig?

Junge Artischocken mit Gremolata

VEGAN

Die zarten Artischockenblüten kann man im Ganzen braten, was hier in einem Würzöl geschieht, zum Schluss kommt noch eine Petersilienmischung dazu.

Zutaten für 4 Personen

- 2 Knoblauchzehen
- ½ TL schwarze Pfefferkörner
- 2 Lorbeerblätter
- 1 Bund glatte Petersilie
- ⅛ l Olivenöl
- ½ Bio-Zitrone
- 8 kleine zarte Artischocken
- 100 g Mehl
- grobes Meersalz

Zubereitungszeit:
1 Stunde

1. Lose Schalen von den Knoblauchzehen abstreifen, diese aber nicht abziehen. Die Zehen halbieren. Die Pfefferkörner einen Topfboden daraufpressend oder im Mörser leicht zerdrücken, das Lorbeerblatt einreißen. Petersilie waschen und trockenschütteln, die Blättchen fein hacken.

2. Das Öl in eine große Pfanne geben. Pfefferkörner, Lorbeer sowie den Knoblauch mit der Schnittfläche nach unten hineingeben, Öl erhitzen und alles bei kleiner Hitze 2–3 Minuten schmoren lassen.

3. Inzwischen die Zitrone heiß abwaschen und abtrocknen, die Schale dünn abreiben und mit der Petersilie mischen, den Saft auspressen und beiseite stellen.

4. Artischocken kalt abbrausen und die dicksten Außenblätter entfernen, Stiele abbrechen und schälen, dann in fingerdicke Scheiben schneiden und gleich mit Zitronensaft mischen. Die Blüten längs vierteln und die Spitzen der Viertel abschneiden. Die Blütenviertel zu den Stielen geben.

5. Knoblauch, Pfeffer und Lorbeer aus dem Öl fischen und die Hitze auf mittlere Stufe erhöhen. Artischockenviertel und -stiele gut trockentupfen und im Mehl wenden. Die Viertel ins heiße Öl geben und 2–3 Minuten braten lassen, ohne zu wenden. Anschließend die Stiele zugeben, alles noch 5–6 Minuten unter gelegentlichem Wenden rundum braten, bis die Viertel bissfest und knusprig sind.

6. Knoblauch aus der Haut lösen und hacken, ebenso Pfeffer und Lorbeer und alles zur Petersilie geben. Diese Gremolata zusammen mit etwas Meersalz über die Artischocken streuen und servieren. Dazu schmeckt Baguette oder Ciabatta.

KLASSIKER

VEGAN

Artischocken mit Vinaigrette

» Das vielleicht einfachste Essen, um die ganze Familie oder ein Paar glücklich zu machen, – macht kaum Arbeit, aber viel Freude wegen der Handarbeit am Tisch. «

Zutaten für 4 Personen

4 große Artischocken
Salz
2 Schalotten
1 Bund Schnittlauch
1 Bund glatte Petersilie
1 EL scharfer Senf
2 EL Weißweinessig
weißer Pfeffer
8 EL Sonnenblumenöl

Zubereitungszeit:
45 Minuten

1. Die Artischocken waschen und die äußersten Blätter abzupfen. Von den übrigen Blättern die Spitzen mit einer Schere abschneiden. In einem möglichst großen Topf 4–5 Liter Wasser mit 4–5 Teelöffel Salz aufkochen.

2. Die Stiele aus den Artischocken herausbrechen und die Blüten ins kochende Wasser geben. Bei mittlerer Hitze zugedeckt 20–30 Minuten kochen lassen.

3. Inzwischen die Vinaigrette zubereiten: Die Schalotten abziehen und fein würfeln. Schnittlauch und Petersilie waschen und trockenschütteln. Schnittlauch in Röllchen schneiden, von der Petersilie die Blätter zupfen und fein hacken. Mit Senf, Essig, Salz und Pfeffer verrühren und die Vinaigrette beiseite stellen.

4. Wenn sich die äußeren Blätter der Artischocken leicht herausziehen lassen, sind sie gar. Topf vom Herd ziehen, 4 Esslöffel vom Sud zur Vinaigrette geben und das Öl einrühren.

5. Die Artischocken aus dem Wasser heben und gut abtropfen lassen. Mit der Vinaigrette auf den Tisch bringen. Die Blätter werden an den Spitzen angefasst und gezupft und mit dem unteren Ende in die Vinaigrette getaucht, dann aus diesem mit den Zähnen das »Fleisch« ziehen.

6. Die inneren dünnen und fleischlosen Blätter entfernen und das darunter liegende Heu mit dem Messer oder Löffel vom Artischockenboden lösen. Diesen in Stücke schneiden und ebenfalls mit der Vinaigrette genießen.

BLITZREZEPT

Erbsen in Kräutersahne

Frische Erbsen – oder, wenn's schnell vorbereitet sein soll, auch mal tiefgekühlte – werden in einem Kräutersud mit Sahne und ein bisschen Wein kurz gekocht.

1. Die Erbsen aus den Schoten lösen, kurz im Sieb abbrausen und abtropfen lassen. Die Kräuter waschen, trockenschütteln und die festen Stiele entfernen. Diese mit Brühe und Wein 5 Minuten sprudelnd kochen und ziehen lassen. Die Kräuterblätter hacken.

2. Die Zwiebel abziehen und würfeln. Zwiebelwürfel in einem Topf zugedeckt in der Butter 5 Minuten bei kleiner Hitze glasig dünsten.

3. Die Erbsen dazugeben und kurz mitdünsten, dann mit Salz und Pfeffer würzen und mit der Sahne und der durch ein Sieb gegossenen Brühe ablöschen.

4. Die Erbsen offen 5–6 Minuten kochen lassen, bis sie bissfest sind und der Sud sämig eingekocht ist. Die Kräuter und 1 Spritzer Zitronensaft dazugeben, das Gericht abschmecken und servieren. Dazu passen Salzkartoffeln.

Zutaten für 4 Personen

3 kg frische Erbsenschoten oder 600 g gepalte Erbsen (ersatzweise tiefgekühlte)

1 gute Handvoll gemischte Salatkräuter (z. B. Petersilie, Schnittlauch, Dill, Basilikum, Estragon, Kerbel, Kresse)

100 ml Gemüsebrühe

50 ml Weißwein

1 weiße Zwiebel

1 EL Butter

Salz, weißer Pfeffer

200 g Sahne

Zitronensaft

Zubereitungszeit:
45 Minuten

JETZT NOCH WAS!

Frische Erbsenschoten aus der Region gibts nur für kurze Zeit am Sommeranfang. Das »Palen«, also das Lösen aus den Schoten, dauert zwar etwas – aber dann schmeckt's viel besser als TK-Erbsen.

Glasierte Kirschtomaten mit Feta

»Curry, Paprika und Puderzucker (!) umhüllen die kleinen Paradiesäpfel, die so an der Rispe im Ofen langsam glasiert werden. Auch gut zu Gegrilltem.«

1. Den Ofen auf 250 Grad vorheizen, Umluft ebenso. Die Tomaten kalt abbrausen und trockentupfen, dann auf einem Blech vorsichtig mit dem Öl vermischen – wenn möglich, sollten die Tomaten an der Rispe bleiben, was bei frischen Früchten der Fall ist.

2. Den Feta in Würfel schneiden und zwischen den Tomaten verteilen. Puderzucker, Currypulver, Paprika und 1 kräftige Prise Salz miteinander mischen. Wenn der Ofen heiß ist, die Zucker-Gewürz-Mischung mit einem feinen Sieb über Tomaten und Feta streuen.

3. Das Blech auf der obersten Schiene in den Ofen schieben und die Tomaten mit Feta darin 8–10 Minuten garen, bis sie weich sind und der Zucker karamellisiert.

Zutaten für 4 Personen

750 g Kirschtomaten, möglichst an der Rispe
4 EL Salatöl
400 g Feta
2 EL Puderzucker
1 TL Currypulver
1 TL Paprikapulver
Salz

Zubereitungszeit:
20 Minuten

Wenn Sie einen Grill haben, können Sie diesen in den letzten 10 Minuten zuschalten. Das Gericht gleich servieren, am besten mit Fladenbrot.

Wussten Sie, dass der Tomatenduft vor allem von ihrem Grün kommt? Sorgt auch für gutes Aroma in unserer Küche, denn an der Rispe halten die Früchte länger.

BLITZREZEPT

Kürbis vom Blech

Scheiben vom Hokkaidokürbis werden gewürzt und mit Öl vermischt, dann kommt noch Parmesan drüber und das Ganze in den Ofen – fertig!

Zutaten für 4 Personen

- 1 kg Hokkaidokürbis
- 2 rote Zwiebeln
- 1 Bund Petersilie
- 6 EL Olivenöl
- Salz, schwarzer Pfeffer
- 100 g Parmesan am Stück
- ½ Zitrone

Zubereitungszeit: 25 Minuten

1. Den Ofen auf 200 Grad vorheizen (Umluft 180 Grad). Den Kürbis waschen, Stiel- und Blütenansatz sowie die schorfigen Stellen von der Schale schneiden. Nun den Kürbis halbieren und mit einem Esslöffel die Kerne herausschaben. Die Hälften in fingerdicke Scheiben schneiden.

2. Die Zwiebeln abziehen, halbieren und in Streifen schneiden. Petersilie abbrausen und trockenschütteln, die Blätter abzupfen. Beides auf einem tiefen Blech mit dem Kürbis samt dem Öl, Salz und Pfeffer vermengen.

3. Den Parmesan grob und großzügig über alles hobeln und das Blech für 15 bis 20 Minuten in den heißen Ofen schieben, bis der Kürbis durch und der Käse leicht gebräunt ist. Zitrone darüber auspressen und das Gericht gleich servieren.

Keine Angst vor Kürbissen! Zumindest wenn sie Hokkaido heißen, denn bei denen braucht's kein mühsames Schälen: nur Stielansatz und schorfige Stellen entfernen, beherzt halbieren, entkernen und los geht's!

DIE WAGNERS RATEN

Linsencremesuppe mit Minze

Die Linsen werden mit Orangensaft, Fenchelsamen und Minze weich gekocht, dann cremig püriert und mit einem Klecks Jogurt und frischen Orangen serviert.

1. 2 Orangen heiß abwaschen, trockenreiben und die Schale dünn abreiben. Die übrige Schale samt weißer Haut entfernen, die Orangen halbieren und das weiße Innere entfernen. Dann das Fruchtfleisch würfeln.

2. Die übrigen Orangen auspressen. Minze waschen und trockenschütteln, 1 Handvoll Blätter zupfen und mit den Orangen mischen, das übrige Bund beiseite legen. Die Linsen in einem Sieb mit kaltem Wasser abbrausen.

3. Knoblauch abziehen, würfeln und mit den Fenchelsamen in 1 Esslöffel Olivenöl anbraten, mit dem Wein ablöschen und darin die Linsen samt Orangensaft, Brühe, ¼ Liter Wasser, Orangenschale und Lorbeer in 20–25 Minuten bissfest köcheln. Nach 15 Minuten das restliche Bund Minze zugeben.

4. Wenn die Linsen gar sind, Lorbeerblatt und Minze entfernen. Die Suppe mit einem Mixstab pürieren, auf Schalen oder Teller verteilen und zu jeder Portion Orangenstücke und Minzeblätter sowie 1 Esslöffel Joghurt geben.

Zutaten für 4 Personen

6 Bio-Orangen
1 Bund Minze
250 g rote Linsen
1 Knoblauchzehe
½ TL Fenchelsamen
4 EL Olivenöl
100 ml trockener Weißwein
800 ml Gemüsebrühe
1 Lorbeerblatt
Salz, Pfeffer
4 EL Joghurt (am besten griechischer)

Zubereitungszeit:
1 Stunde

Jetzt noch was!

Rote Linsen sind in orientalischen Läden Standard. Sie sollten gut verpackt sein – die Linsen sonst kurz in einer Schüssel mit Wasser waschen. Sie vor dem Garen einzuweichen ist nicht nötig.

Grüne Zwiebelrahmsuppe

Lauchzwiebeln dünsten kurz in Butter, dann kommen Brühe, Wein und Sahne dazu. Nach dem Pürieren wird »legiert« und mit aromatischen Zimtcroûtons garniert.

1. Die Lauchzwiebeln gründlich waschen und putzen, dabei das schlappe und sehr dunkle Grün entfernen, ebenso die Wurzeln. Lauchzwiebeln in Ringe schneiden.

2. 2 EL Butter in einem Topf zerlassen und bei kleiner Hitze die Lauchzwiebeln darin 2–3 Minuten zugedeckt andünsten.

3. Nun die Gemüsebrühe, den Wein sowie 200 Gramm Sahne zugießen und bei mittlerer Hitze unter Rühren aufkochen lassen. Die Suppe mit Salz und Pfeffer abschmecken und 10 Minuten kochen lassen, bis die Lauchzwiebeln weich sind.

4. Inzwischen die Toastscheiben entrinden und würfeln. Die übrige Butter in einer kleinen Pfanne aufschäumen lassen, die Toastwürfel zugeben und mit 1 Prise Zimt bestreuen. Die Croûtons unter öfterem Rühren goldbraun anrösten.

5. Die fertige Suppe vom Herd ziehen, pürieren und abschmecken. Die übrige Sahne mit den Eigelben in einer Schüssel verquirlen, dann 2 große Schöpfer dazugeben. Dies mit der heißen Suppe verrühren – so wird sie ein wenig gebunden bzw. »legiert«. Die Suppe auf Schalen oder Teller verteilen und mit den Zimtcroûtons vollenden.

Zutaten für 4 Personen

2 Bund Lauchzwiebeln
50 g Butter
500 ml Gemüsebrühe
100 ml trockener Weißwein
250 g Sahne
Salz, weißer Pfeffer
2 Scheiben Toastbrot
gemahlener Zimt
2 Eigelb

Zubereitungszeit:
45 Minuten

ZWEI CITRONEN
ROSTFREI

PROBIER'S MAL: ROTE BETE

Sie galt als vergessenes Gemüse, aber eingelegt im Glas war sie immer da. Wer ihren Geschmack darin mag, ist im Vorteil, doch es muss nicht immer süßsauer sein. Rote Bete lässt sich kochen, dünsten, schmoren, backen und sogar frittieren. Und das auch ohne rote Hände.

Gut vorbereitet

Kochen ist die einfachste Methode, Rote Bete zuzubereiten. Diese dazu gründlich waschen, ohne dass die Schale verletzt wird – sonst »läuft die Knolle aus«. Aus diesem Grund auch das Grün (das man übrigens auch essen kann) erst ein paar Zentimeter über dem Ansatz abschneiden. Nun werden die Roten Beten mit viel Salz und, wer mag, Kümmel gekocht, bis sie nach etwa 45 Minuten gar sind. Rausfischen, etwas abkühlen lassen und spätestens jetzt Gummihandschuhe anziehen, wenn die Knollen einfach aus der »Pelle« gedrückt werden.

Werden Rote Beten für Salate oder Ragouts roh geschält, auf jeden Fall Gummihandschuhe tragen (zur Not auch Gefrierbeutel überstülpen und mit einem Gummi festmachen), damit die Finger nicht rot werden. Ist es schon passiert, hilft Zitronensaft oder – noch konzentrierter und wirkungsvoller – Vitamin-C-Pulver, um die Hände sauber zu kriegen.

Rohe Bete

Rote Bete roh? Warum nicht – mit den anderen Rüben von Mohr- bis Steck- geht das ja auch. Fein geschnitten oder geraspelt mit einem fruchtig-scharfen Dressing sind sie eine interessante Überraschung auf dem Salatteller.

Bunte Bete

Inzwischen gibt es Beten auch in Weiß, Gelb oder Orange auf dem Markt. Die schmecken aufs Beste nach Rübe, dabei gern ein bisschen nussig. Toll in Butter gebraten mit glatter Petersilie und dem Lieblingsgewürz dabei – unseres wäre hier Kardamom. Die Rote Bete muss dann aber draußen bleiben, sonst färbt sie alles ein.

So geht's auch

Wie jede Rübe kann Rote Bete auch geschält, geschnitten und gedünstet oder geschmort werden. Oder man gart sie im Ganzen im Ofen wie auf Seite 97 beschrieben. Oder die Bete in feine Scheiben schneiden und frittieren. Die fein geschnittenen Stiele und Blätter sind eine Überraschung im Salat wie im Wok.

Mehr dazu: Rote-Bete-Ragout mit Kreuzkümmel (Seite 96), Ofenbete mit Honig-Kren-Butter (97), Wunderrüben (118), Speisekammer Rote Bete (222)

Rote-Bete-Ragout mit Kreuzkümmel

» Würfel von Roter Bete dünsten erst kurz mit Schalotten und Kreuzkümmel, dann garen sie in Rotwein und Brühe, zum Schluss kommt Senfsahne mit Kerbel dran. «

1. Die Roten Beten (mit Gummihandschuhen!) schälen und in 2 Zentimeter große Würfel schneiden. Schalotten abziehen und fein würfeln.

2. Das Öl in einem großen Topf erhitzen und darin die Schalotten und den Kreuzkümmel zugedeckt bei kleiner Hitze 5 Minuten dünsten.

3. Die Roten Beten zugeben, mit dem Rotwein und der Brühe bedecken, mit Salz und Pfeffer würzen und in 15–20 Minuten weich kochen.

4. Inzwischen den Kerbel waschen, trockenschütteln und von groben Stielen befreien. Die Sahne steif schlagen und mit Senf und Kerbel mischen. Mit 1 Prise Zucker abschmecken.

Zutaten für 4 Personen

800 g Rote Beten
4 Schalotten
4 EL Öl
½ TL Kreuzkümmelsamen
100 ml trockener Rotwein
200 ml Gemüsebrühe
Salz, schwarzer Pfeffer
1 Handvoll Kerbel
100 g Sahne
2 EL scharfer Senf
Zucker

Zubereitungszeit:
45 Minuten

5. Das fertige Ragout vom Herd ziehen, die Senfsahne behutsam einrühren, sodass sie noch etwas schaumig bleibt. Gleich servieren. Dazu schmecken Bratkartoffeln oder geröstetes Brot.

Wenn Sie Beten mit Blatt und Stiel bekommen, kann das gut gewaschen auch mit ins Ragout: Stiele in Stücken in den letzten 5 Minuten dazu, Blätter ganz zum Schluss.

Ofenbete mit Honig-Kren-Butter

Ganze Knollen garen wie Ofenkartoffeln in Folie auf einem Salzbett. Dazu gibt es eine süßscharfe Mischung aus Butter, Honig, Meerrettich und Schnittlauch.

1. Den Ofen auf 200 Grad vorheizen (Umluft 180 Grad). Die Roten Beten gründlich waschen, ohne dabei die Schale zu verletzen. Nun die Knollen in Alufolie einwickeln.

2. In einem großen ofenfesten Topf das Salz als eine gleichmäßige Schicht auf dem Boden verteilen. Die Beten daraufsetzen und im heißen Ofen (Mitte) 45 Minuten garen – das Salzbett verhindert, dass sie anbrennen.

3. Inzwischen den Schnittlauch waschen und trockenschütteln, dann in feine Röllchen schneiden. Diese mit Butter, Honig, Meerrettich und Zitronensaft verrühren und die Honig-Kren-Butter mit Salz abschmecken.

4. Die gegarten Roten Beten aus dem Ofen und der Alufolie nehmen und mit einem Messer von oben kreuzweise einschneiden. Die Beten nun wie Ofenkartoffeln leicht aufdrücken und mit der Honig-Kren-Butter auf den Tisch bringen.

5. Die Butter wird auf die Roten Beten gegeben, die dann mit einem kleinen Löffel gegessen werden. Dazu schmecken Salzkartoffeln oder Toast.

Zutaten für 4 Personen

800 g gleichmäßig große Rote Beten (8–10 cm Durchmesser)

1 kg Salz

1 Bund Schnittlauch

½ Päckchen weiche Butter (125 g)

1 EL Honig

1 EL geriebener Meerrettich (frisch oder aus dem Glas)

1 TL Zitronensaft

Zubereitungszeit:
1 Stunde

GEMÜSE *bunt*

IDEEN AUS DEM OFEN »»

Buntes Gemüse vom Blech …

Wenn von Frühling bis Herbst die Märkte in allen Farben überquellen, wär's viel zu schade, sich nur einem Gemüse hinzugeben. Hier drei Ideen aus dem Ofen fürs bunte Genießen.

Zum Frühling: Spargel, Radieschen und Möhren

VEGAN

1 Bund Radieschen gründlich waschen und putzen, dabei die Blätter aufbewahren. Die Knollen halbieren. 500 Gramm grünen Spargel waschen und die Enden abschneiden, falls nötig das untere Drittel schälen. Spargelstangen in 4–5 Zentimeter lange Stücke schneiden. 500 Gramm nicht zu große Möhren (am besten spitz und frühlingsjung) putzen, schälen und je nach Größe der Länge nach halbieren oder vierteln. In 4–5 Zentimeter lange Stücke schneiden.

Den Ofen auf 200 Grad vorheizen (Umluft 180 Grad). Alle Gemüse in einem tiefen Backblech mit 4 Esslöffel gutem Salatöl (z. B. Distel- oder Rapsöl), 100 Milliliter trockenem Weißwein, Salz und weißem Pfeffer (am besten beides grob gemahlen) vermischen. 100 Gramm Mandelblättchen darüberstreuen.

Das Blech auf der mittleren Schiene in den heißen Ofen schieben und die Gemüse 15 Minuten garen. Die Radieschenblätter untermischen und das Ganze noch weitere 5 Minuten garen. Das gesamte Blech mit dem Gemüse darauf zusammen mit gutem Brot – z. B. Baguette – auf den Tisch stellen.

Das Foto zum Rezept finden Sie auf Seite 102.

Zum Sommer: Tomaten, Lauchzwiebeln und Austernpilze

600 Gramm Kirschtomaten waschen. 2 Bund Lauchzwiebeln putzen, dabei vom schlaffen und dunklen Grün befreien, und anschließend in gut 3 Zentimeter lange Stücke schneiden. 400 Gramm Austernpilze ggf. putzen und in 2 Zentimeter breite Streifen schneiden. 1 Bund Dill waschen und trockenschütteln, die Spitzen von den Stängeln zupfen.

Den Ofen auf 200 Grad vorheizen (Umluft 180 Grad). Alle Gemüse in einem tiefen Backblech mit dem Dill, 4 Esslöffel Olivenöl, Salz und schwarzem Pfeffer (am besten beides grob gemahlen) vermischen. 200 Gramm Feta zerbröckeln und zum Schluss samt 50 Gramm Pinienkernen kurz untermischen.

Das Blech auf der mittleren Schiene in den heißen Ofen schieben und die Gemüse 20 Minuten garen. Das gesamte Blech mit dem Gemüse darauf zusammen mit gutem Brot – z. B. Ciabatta – auf den Tisch stellen.

Zum Herbst: Radicchio, Chinakohl und Wirsing

1 nicht zu kleinen Kopf Radicchio, 1 kleinen Chinakohl und 1 kleinen Kopf Wirsing von den großen Außenblättern befreien. Die Köpfe je nach Größe vierteln oder achteln – es sollen sich 3–4 Zentimeter dicke Segmente ergeben. Diese vorsichtig kalt abspülen. 100 Gramm Haselnusskerne grob hacken.

Den Ofen auf 200 Grad vorheizen (Umluft 180 Grad). 200 Milliliter Gemüsebrühe mit 1 Teelöffel Salz, ½ TL braunem Zucker und 50 Gramm Butter nur so lange erhitzen, bis die Butter geschmolzen ist. Saft von ½ Zitrone und 1 Esslöffel frisch geriebenen Meerrettich (oder aus dem Glas) einrühren.

2 Boskop-Äpfel waschen, vierteln, Kerngehäuse und Blütenansatz entfernen und die Viertel längs in 3–4 Spalten schneiden. Alle Gemüse samt den Äpfeln in einem tiefen Backblech verteilen, die Brühe darüber verteilen und die Nüsse darüberstreuen.

Das Blech auf der mittleren Schiene in den heißen Ofen schieben und die Gemüse etwa 20 Minuten garen. Das gesamte Blech mit dem Gemüse darauf zusammen mit gutem Brot – z. B. mit Bauernbrot – auf den Tisch stellen.

Werden Gemüse wie hier Radieschen, Möhren und Spargel nicht zu fein geschnitten, behalten sie mehr Aroma und schöner aussehen tut's auch – siehe Seite 102.

In bunter Gesellschaft

VEGAN

The Green Wok

» Paksoi und Staudensellerie schmoren in einem süßsauren Sud aus Reiswein und Sojasauce, dazu kommt frisches Basilikum und gebratener Tofu. Perfekt mit Reis. «

1. Den Tofu in 1–2 Zentimeter große Würfel schneiden. Reiswein, Sojasauce und Essig mit dem Zucker verrühren und den Tofu darin marinieren.

2. Den Ingwer schälen, den Knoblauch abziehen und beides fein würfeln. Paksoi putzen, samt Strunk vierteln und waschen. 30 Sekunden in kochendes Wasser tauchen und wieder herausnehmen.

3. Den Staudensellerie waschen und putzen, dann die Stangen in dünne Scheiben schneiden. Basilikum waschen und trockenschütteln, die Blätter zupfen.

4. Den Tofu in ein Sieb gießen und die Marinade auffangen. Den Wok stark erhitzen, 1 Esslöffel Öl darin kreisen lassen und abgießen.

Zutaten für 4 Personen

400 g fester Tofu

5 EL asiatischer Reiswein (oder trockener Sherry)

5 EL helle Sojasauce

5 EL Reisessig (oder Apfelessig)

2 EL brauner Zucker

1 Stück Ingwer (3 cm)

3 Knoblauchzehen

400 g Paksoi

300 g Staudensellerie

1 Bund Basilikum (am besten Thai-Basilikum)

5 EL Öl

100 ml Gemüsebrühe

Zubereitungszeit:
45 Minuten

Nun in 2 Esslöffel Öl den Tofu 1 Minute braten, dabei behutsam wenden. Aus dem Wok nehmen.

5. Den Wok auswischen und darin im übrigen Öl Knoblauch und Ingwer unter Rühren 30 Sekunden braten. Staudensellerie zugeben und 1 Minute unter Rühren mitbraten. Paksoi dann ebenso 1 Minute mitbraten.

6. Die Brühe und die aufgefangene Marinade zugießen und alles bei mittlerer Hitze 1 weitere Minute schmoren, sodass der Paksoi noch Biss hat. Tofu und Basilikum einrühren und noch 1 Minute ziehen lassen. Mit Reis servieren.

Grünkohlcurry mit Möhren

» Ein rustikaler Bekannter in exotischem Gewand, das ihm aber gut steht: Blanchierter Kohl, Möhren und Aprikosen werden mit Curry, Chutney und Joghurt gedünstet. «

1. Den Grünkohl gut waschen, putzen und von den Stielen befreien. Die Möhren schälen, der Länge nach halbieren und quer in knapp 1 Zentimeter dicke Scheiben schneiden. Die Aprikosen würfeln. Die Zwiebel abziehen und in feine Würfel schneiden.

2. Einen großen Topf mit Salzwasser aufkochen und den Grünkohl darin in etwa 5 Minuten knackig kochen. Kurz im Sieb mit kaltem Wasser abbrausen, ausdrücken und grob hacken. Etwa 400 Milliliter Kohlsud zurückbehalten.

3. In einem großen Topf bei mittlerer Hitze die Zwiebel zugedeckt im Öl glasig braten. Das Currypulver kurz mitbraten, dann mit dem Kohlsud ablöschen. Grünkohl, Möhren, Aprikosen und Zimtstange zugeben und alles 20–25 Minuten bissfest garen.

4. Mangochutney und Joghurt zugeben, noch 1 Minute mitgaren und alles mit Salz und Pfeffer abschmecken. Mit Basmatireis servieren.

Zutaten für 4 Personen

1 kg Grünkohl
400 g Möhren
100 g getrocknete Aprikosen
1 weiße Zwiebel
Salz
3 EL Öl
2 EL Currypulver
1 Stück Zimtstange (4 cm)
1 EL Mangochutney (Aprikosenkonfitüre geht auch)
100 g Joghurt
weißer Pfeffer

Zubereitungszeit:
1 Stunde

JETZT NOCH WAS!

Grünkohl mit viel Fett und Wurst ewig schmoren? Kann man machen. Oder ihn als »Superfood« roh in Smoothies mixen. Kann man auch machen. Uns ist er blanchiert im Curry am liebsten.

Auberginen und Topinambur in Kokos

» In dickem Kokosrahm werden Chili, Ingwer und Limettenschale gebraten, dann Auberginen, Topinambur und Banane darin bissfest geschmort. «

VEGAN

Zutaten für 4 Personen

2 Bio-Limetten
1 rote Zwiebel
2 Knoblauchzehen
Salz
4 grüne Chilischoten
400 g Auberginen (am besten die kleinen daumendicken, ansonsten gehen auch die großen)
300 g Topinambur
1 Dose Kokosmilch
1 EL Öl
100 ml Gemüsebrühe
1 TL Sojasauce
1 TL brauner Zucker
1 möglichst grüne Banane

Zubereitungszeit: 45 Minuten

1. Die Limetten heiß abwaschen und trockentupfen, die Schale dünn abreiben und den Saft auspressen.

2. Zwiebel und Knoblauch abziehen, beides würfeln, mit ½ Teelöffel Salz mischen und beiseite stellen. Die Chilis putzen, längs halbieren und nach Wunsch die Kerne entfernen, dann werden sie milder. Hälften quer in feine Streifen schneiden. Mit Zwiebel, Knoblauch und Limettenschale mischen.

3. Auberginen waschen, trockentupfen und je nach Größe längs halbieren, vierteln oder achteln. Dann quer in 1 Zentimeter dicke Scheiben schneiden. Topinambur schälen und in 1 Zentimeter dicke Scheiben schneiden. Beides mit 1 Esslöffel vom Limettensaft vermischen.

4. Kokosmilchdose öffnen, ohne sie vorher zu schütteln. Einen Wok oder eine große Pfanne stark erhitzen, 1 Esslöffel Öl darin kreisen lassen und wieder abgießen. Den dicken Kokosrahm aus der Dose in den Wok geben, mit der Zwiebelmischung darin 30 Sekunden unter Rühren braten lassen.

5. Auberginen und Topinambur darin unter Rühren 1 Minute braten lassen. Dann die übrige Kokosmilch und die Brühe sowie Sojasauce und Zucker zugeben.

6. Das Ganze 2–3 Minuten kochen lassen, bis das Gemüse gut bissfest ist. Inzwischen die Banane schälen, in Scheiben schneiden und samt dem übrigen Limettensaft noch 1 Minute mitgaren. Mit Reis servieren.

Rahmblattspinat mit Steinpilzen

Frischer Blattspinat wird blanchiert, dann Steinpilze mit Kardamom braten, mit Sahne ablöschen und alles kurz erhitzen. Perfekt mit Spiegelei.

Zutaten für 4 Personen

800 g Blattspinat
Salz
200 g Steinpilze
2 Schalotten
4 Kardamomkapseln (ersatzweise 1 Msp. gemahlener Kardamom oder Zimt)
4 EL Öl
200 g Sahne
weißer Pfeffer
4 Eier

Zubereitungszeit:
45 Minuten

1. Den Spinat gründlich waschen, bis kein Sand mehr im Wasser ist. Inzwischen in einem großen Topf Salzwasser aufkochen.

2. Den Spinat in den Topf geben und kochen, bis er zusammenfällt. In ein Sieb gießen und mit kaltem Wasser abbrausen. Ihn so weit abkühlen, bis er sich anfassen lässt. Den Spinat dann mit den Händen sehr gut auspressen und grob hacken.

3. Die Pilze mit Küchenpapier abreiben und putzen. Die Kappen und Stiele in 1 Zentimeter große Stücke schneiden. Schalotten abziehen und fein würfeln. Kardamom andrücken, die dunklen Samen herauslösen und hacken.

4. 2 Esslöffel Öl in einen weiten Topf oder eine hohe Pfanne bei mittlerer Hitze geben und die Schalotten samt dem gehackten Kardamom darin in 2 Minuten zugedeckt glasig dünsten.

5. Deckel abnehmen, Hitze etwas höher stellen und die Steinpilze in der Pfanne unter Rühren kurz anbraten. Mit der Sahne ablöschen und 1 Minute kochen lassen. Spinat darin unter Rühren erhitzen und mit Salz und Pfeffer würzen. Zugedeckt ziehen lassen.

6. Inzwischen in einer großen Pfanne bei mittlerer Hitze im übrigen Öl 4 Spiegeleier braten, mit Salz und Pfeffer würzen und zum Spinat servieren. Dazu schmecken Salzkartoffeln.

Zweimal Bohnen in Tomatensahne

Frische Bohnenkerne und Stücke von breiten Bohnen dünsten zusammen mit Thymianblättchen und etwas Knoblauch in einer Sauce aus Tomaten und Sahne.

1. Die breiten Bohnen waschen, abtropfen lassen und die Enden abschneiden. Die Hülsen quer in 1 Zentimeter breite Streifen schneiden. Die Bohnenkerne in einem Sieb abbrausen. Den Knoblauch abziehen und fein würfeln.

2. Die Butter in einem großen Topf bei kleiner Hitze aufschäumen lassen. Die Bohnenstreifen und -kerne darin kurz andünsten, dann die Tomaten, Knoblauch, Sahne, Crème fraîche und die Thymianblättchen dazugeben.

3. Die Bohnen etwa 8 Minuten kochen lassen, sodass sie gerade noch bissfest sind und die Flüssigkeit sahnig eingekocht ist.

Zutaten für 4 Personen

400 g breite grüne Bohnen

200 g frische Bohnenkerne (ersatzweise gegarte Bohnenkerne aus dem Glas)

1 kleine Knoblauchzehe

1 EL Butter

150 g gewürfelte Tomaten (aus der Dose)

100 g Sahne

2 EL Crème fraîche

1 TL frische Thymianblättchen

Salz, Pfeffer

Zubereitungszeit: 35 Minuten

4. Das fertige Ragout mit Salz und Pfeffer abschmecken und gleich servieren. Dazu schmecken Salzkartoffeln oder Bandnudeln.

Die breiten grünen Bohnen sind toll zum Dünsten und Schmoren. Wir mögen sie am liebsten wie hier, mit ordentlich Sahne und ein bisschen Knoblauch.

VEGAN

Provençalische Ratatouille

KLASSIKER

» Aubergine, Paprika, Zucchini und Zwiebeln werden einzeln in Olivenöl gebraten und garen dann gemeinsam mit Tomaten und Kräutern. «

1. Die Zwiebeln abziehen und vierteln, dann in Streifen schneiden. Mit ½ Teelöffel Salz vermischen. Knoblauch abziehen und in feine Streifen schneiden. Kräuter waschen und trockenschütteln, das Grün von den Stielen streifen und grob hacken.

2. In einem Topf Wasser aufkochen und eine Schüssel mit eiskaltem Wasser bereitstellen. Tomaten waschen, vom Stielansatz befreien und auf der anderen Seite kreuzweise einschneiden. Die Tomaten je 10 Sekunden ins kochende Wasser tauchen, dann ins Eiswasser geben und die Haut abziehen. Tomaten grob würfeln.

3. Übrige Gemüse waschen, trockentupfen und putzen. Paprikaschoten in große Würfel schneiden, Zucchini je nach Größe ganz lassen oder längs halbieren, dann in 1 Zentimeter dicke Scheiben schneiden. Aubergine passend dazu in Scheiben schneiden.

Zutaten für 4–6 Personen

2–3 weiße Zwiebeln
Salz
2 Knoblauchzehen
1 Zweig Rosmarin
4 Zweige Thymian
3–4 Tomaten
1–2 rote Paprikaschoten
2 Zucchini
1 Aubergine (insgesamt sollte es 1 kg Paprika, Zucchini und Aubergine ergeben)
8 EL Olivenöl
weißer Pfeffer

Zubereitungszeit:
1 Stunde

4. In einen weiten Topf bei mittlerer Hitze 2 Esslöffel Olivenöl geben. Die Auberginenscheiben darin ohne sie zu wenden 1 Minute braten. Dann wenden, noch 1 Minute braten, sodass sie noch knackig sind, salzen und herausnehmen. Auf die gleiche Art in je 2 Esslöffel Öl Paprika und Zucchini braten und zu den Auberginenscheiben geben.

5. Nun das übrige Öl erhitzen und die Zwiebeln darin zugedeckt in 5 Minuten weich dünsten. Knoblauch, Kräuter und Tomaten dazugeben und 5 Minuten offen dünsten. Jetzt die übrigen Gemüse dazugeben und die Ratatouille zugedeckt in 15–20 Minuten noch nicht weich, aber mehr als bissfest dünsten. Mit Salz und Pfeffer würzen. Schmeckt mit gutem Brot, Salz- oder Ofenkartoffeln.

VEGAN

Ungarisches Letscho

Der Klassiker aus langsam weich geschmorten Zwiebeln, Tomaten und Paprika schmeckt als Hauptsache oder Beilage – noch besser, wenn er nochmals aufgewärmt wird.

Zutaten für 4 Personen

3 Tomaten
je 1 rote und gelbe Paprikaschote
2 weiße Zwiebeln
2 Knoblauchzehen
1 EL Öl
1 EL edelsüßes Paprikapulver
2 EL Weißwein
Salz
weißer Pfeffer
1 Prise Zucker

Zubereitungszeit:
1 Stunde

1. In einem Topf Wasser aufkochen und eine Schüssel mit eiskaltem Wasser bereitstellen. Tomaten waschen, vom Stielansatz befreien und auf der anderen Seite kreuzweise einschneiden. Die Tomaten jeweils 10 Sekunden ins kochende Wasser tauchen, dann ins Eiswasser geben und anschließend die Haut abziehen. Tomaten grob würfeln.

2. Die Paprikaschoten waschen und mit dem Sparschäler die Haut entfernen, dann zerteilen, dabei die Stiele und Samenwände entfernen. Das Fruchtfleisch in 3 Zentimeter große Stücke schneiden. Die Zwiebeln abziehen, halbieren und in Streifen schneiden. Knoblauch abziehen, in Scheiben schneiden.

3. Die Zwiebeln bei kleinster Hitze im Öl zugedeckt 10 Minuten dünsten. Das Paprikapulver zugeben, dann Paprikastücke, Knoblauch und Wein hinzufügen und alles 15 Minuten zugedeckt schmoren.

4. Die Tomaten zugeben und weitere 15 Minuten offen mitschmoren. Am Ende sollte die Flüssigkeit fast eingekocht und das Letscho weich sein. Salzen, pfeffern, 1 Prise Zucker zugeben und mit Weißbrot servieren.

JETZT NOCH WAS!

Letscho ist die klassische Beilage in Ungarn zu Fisch oder Geflügel, aber mit Brot und einem Stück Käse ist es ebenfalls toll – und es schmeckt auch kalt. Durchziehen über Nacht macht's noch besser.

VEGAN

Balado Sayang

Auberginen schmoren mit Zitrusfrüchten, Tomaten und viel Chili – eine persönliche Lieblingsversion des indonesischen Traditionsgerichts Balado Terong.

Zutaten für 4 Personen

4 Schalotten
3–4 rote Chilischoten
2–3 Kaffirlimettenblätter (gibt es gefroren in Asialäden, ersatzweise 1 Bund Zitronenmelisse)
1 TL Tamarindenpaste (aus dem Asialaden)
250 g Kirschtomaten
8 Kumquats
600 g Auberginen (am besten die kleinen, festen asiatischen)
500 g Frittierfett
Saft von 1 Limette
Sojasauce
brauner Zucker

Zubereitungszeit:
45 Minuten

1. Die Schalotten abziehen und fein würfeln, Chilis waschen, putzen und halbieren, nach Wunsch die Kerne entfernen (das macht es milder). Die Hälften quer in feine Streifen schneiden. Limettenblätter abspülen und trockentupfen, dann in feine Streifen schneiden (Zitronenmelisse ebenso vorbereiten). Schalotten, Chilis und Limettenblätter (Melisse noch rauslassen) mit der Tamarindenpaste mischen.

2. Die Kirschtomaten im Sieb kalt abspülen, die Kumquats heiß abwaschen und längs vierteln. Die Auberginen waschen und putzen, dann in 1 Zentimeter dicke Scheiben schneiden – große Auberginen zuvor der Länge nach vierteln.

3. In einem großen Wok das Frittierfett auf 170–180 Grad erhitzen und darin portionsweise je 1 Handvoll Auberginen in knapp 1 Minute frittieren, ohne dass sie bräunen. Auf Küchenpapier abfetten lassen.

4. Anschließend bis auf 2 Esslöffel das Fett aus dem Wok in einen Topf gießen und anderweitig verwenden. Im Wok im verbliebenen Fett bei mittlerer Hitze die Chili-Tamarinden-Paste unter ständigem Rühren 30 Sekunden rösten.

5. Tomaten, Kumquats, Limettensaft, je 1 Esslöffel Sojasauce und Zucker zugeben, alles 5 Minuten schmoren lassen. Dann die Auberginen 5 Minuten mitschmoren. (Jetzt könnte auch die Melisse dazu.) Mit Sojasauce und Zucker abschmecken und mit Reis servieren – den man in Indonesien mit dem Löffel isst.

Das Foto zum Rezept finden Sie auf Seite 116.

JUWELEN MIT BISS

LIEBLINGSREZEPT

Wunderrüben

» Je bunter, desto besser: Möglichst viele verschiedene Arten von Rüben werden mit reichlich Gewürzen und Butter in ihrem eigenen Saft gedünstet. Und Vanille ist auch dabei! «

Zutaten für 4 Personen

1 kg möglichst verschiedene Arten von Rüben (z. B. Steck- oder Mairüben, Pastinaken, Teltower Rübchen, Navetten, helle Beten)

200 g Rettich

¼ Vanilleschote

60 g Butter

je ¼ TL gemahlener Ingwer, Kardamom, Koriander und Zimt

Salz, schwarzer Pfeffer

Zubereitungszeit:
30 Minuten

1. Die Rüben und den Rettich putzen und schälen, dann in mundgerechte Scheiben von knapp 1 Zentimeter Dicke schneiden.

2. Die Vanilleschote der Länge nach halbieren und mit dem Inneren nach oben auf ein Brett legen. Nun mit dem Messerrücken die Vanille aus den Schoten schaben.

3. Die Butter in einem weiten Topf bei mittlerer Hitze zerlassen. Die Rüben hineingeben, Vanille, gemahlene Gewürze, Salz und Pfeffer darübergeben und durchmischen. Die Rüben 1 Minute unter Rühren andünsten.

4. Nun die Wunderrüben im eigenen Saft zugedeckt bei kleiner Hitze in 10–15 Minuten bissfest garen, dabei öfters rütteln. Abschmecken und gleich servieren. Dazu schmecken Pell- oder Ofenkartoffeln.

Das Foto zum Rezept finden Sie auf der Umschlagvorderseite als Variante.

JETZT NOCH WAS!

Vor allem im Herbst ist die Auswahl groß an den unterschiedlichsten Rüben, die diesem Gericht ihr ganz eigenes Aroma geben. Zu eigen sollten sie aber auch nicht sein – weswegen Möhren oder Petersilienwurzeln lieber draußen bleiben. Das Stück Rettich muss aber sein, um den Rüben den Kick zu geben.

BLITZREZEPT

VEGAN

Austernpilze mit Rosenkohlblättern

» Rosenkohlröschen werden in ihre Blätter zerteilt und kurz blanchiert, dann kommen sie mit Austernpilzen, Bohnenkraut und einer Prise Zucker in die Pfanne. «

1. Pilze putzen und in daumendicke Streifen schneiden. Den Rosenkohl waschen und den Strunk aus den Röschen kegelförmig herausschneiden, sodass sich die Blätter lösen. Die Blätter zupfen. Die Zwiebel abziehen und in Würfel schneiden.

2. Reichlich Salzwasser aufkochen und darin die Rosenkohlblätter in 1–2 Minuten bissfest kochen. In ein Sieb gießen und kalt abbrausen. Abtropfen lassen.

3. Das Öl bei etwas mehr als mittlerer Hitze in eine Pfanne geben und darin die Zwiebeln unter Rühren anbraten. Pilze zugeben und unter Rühren 1 Minute braten.

4. Nun die Rosenkohlblätter samt Bohnenkraut zugeben, mit Salz, Pfeffer und 1 Prise Zucker würzen.

Zutaten für 4 Personen

500 g Austernpilze
400 g Rosenkohl
1 rote Zwiebel
Salz
3 EL Öl
1 TL Bohnenkrautblätter (frisch oder getrocknet)
grober schwarzer Pfeffer
brauner Zucker

Zubereitungszeit: 30 Minuten

5. Alles noch 1–2 Minuten braten, dann gleich servieren. Dazu schmeckt frisches Graubrot.

Das ist Rosenkohl auf die feine Art – Sie werden staunen! Auch toll mit Pasta und Parmesan oder in einem Kartoffelsalat – dann die Blätter etwas länger garen.

DIE WAGNERS RATEN

VEGAN

Gebratene Pastinaken mit grünen Bohnen

Stifte von den Wurzeln werden mit den Bohnen und Senfkörnern erst gedünstet, dann gebraten. Zum Schluss kommen getrocknete Tomaten dazu.

Zutaten für 4 Personen

500 g Pastinaken
250 g grüne Bohnen
3 TL gelbe Senfkörner
4 EL Öl
Salz, schwarzer Pfeffer
150 ml Gemüsebrühe
100 g getrocknete Tomaten
1 Bund Schnittlauch

Zubereitungszeit:
30 Minuten

1. Die Pastinaken schälen und je nach Größe der Länge nach halbieren oder vierteln. Dann in 3–4 Zentimeter lange Stifte schneiden. Die Bohnen waschen, putzen und quer halbieren.

2. In einer großen Pfanne oder in einem weiten Topf mit passendem Deckel bei mittlerer Hitze die Senfkörner kurz im Öl anbraten, bis es duftet. Pastinaken und Bohnen zugeben und kurz mitbraten.

3. Gemüse mit Salz und Pfeffer würzen und mit der Brühe ablöschen. Alles zugedeckt 5 Minuten kochen lassen, bis die Brühe verdampft ist.

4. Inzwischen die Tomaten würfeln, den Schnittlauch waschen und trockenschütteln, dann in Röllchen schneiden.

5. Deckel abheben, Hitze erhöhen und unter öfterem Wenden noch 3–4 Minuten garen, sodass gegen Ende alle Flüssigkeit verkocht ist und die Gemüse noch etwas braten. Tomaten und Schnittlauch zugeben, abschmecken und gleich servieren. Dazu passt Weißbrot.

Sahnekohlrabi mit Rucola und Mandeln

Kohlrabischeiben dünsten in Brühe und Sahne, zum Schluss kommen Rucola, geröstete Mandeln und frischer Parmesan dazu – und die Blättchen vom Kohlrabi.

1. Die Kohlrabiknollen putzen, dabei die kleineren Blättchen waschen und von den Stielen zupfen. Die Knollen schälen, vierteln und in 5 Millimeter dicke Scheiben schneiden.

2. Rucola waschen und trockenschütteln, dann von den groben Stielen befreien und grob hacken. Die Kohlrabiblätter untermischen.

Zutaten für 4 Personen

- 3–4 Knollen Kohlrabi (800 g)
- 1 Bund Rucola
- 4 EL Butter
- Salz, weißer Pfeffer
- ½ l Gemüsebrühe
- 200 g Sahne
- 100 g Mandelblättchen
- 50 g Parmesan, frisch gerieben
- Muskatnuss, frisch gemahlen

Zubereitungszeit:
30 Minuten

3. In einem großen Topf bei mittlerer Hitze die Butter schmelzen und aufschäumen lassen. Die Kohlrabischeiben darin kurz andünsten, mit Salz und Pfeffer würzen, dann die Brühe und Sahne dazugießen. Die Kohlrabi in 10–15 Minuten offen köcheln lassen, sodass sie bissfest sind und die Flüssigkeit leicht eingekocht ist.

4. Inzwischen in einer trockenen Pfanne die Mandelblättchen leicht bräunen.

5. Wenn der Kohlrabi gar und die Flüssigkeit dicklich eingekocht ist, den Rucola, die Mandeln und den Parmesan dazugeben und kurz unterrühren. Das Ganze mit Muskat würzen und mit Salz und Pfeffer abschmecken. Dazu passen Salzkartoffeln.

JETZT NOCH WAS!

Kohlrabi lässt sich meist mit dem Sparschäler schälen. Achten Sie darauf, dass die Knollen nicht holzig sind. Das erkennen Sie daran, dass sie sich gut schneiden lassen und roh gut schmecken.

BLITZREZEPT

Brokkoli mit Pfifferlingen und Thymian

VEGAN

Die Röschen und Stiele werden gedünstet und mit gebratenen Pfifferlingen serviert – die durch den Mehltrick blitzschnell sauber sind.

1. Die Pfifferlinge falls nötig von dunklen und trockenen Stellen befreien. Pilze in einer Schüssel mit Mehl vermischen, dann im Sieb unter kräftigem Schütteln kurz mit kaltem Wasser abbrausen. Nun zwischen Küchenpapier trockentupfen – so werden sie fix sauber, aber nicht schwammig.

2. Die Brokkoliröschen vom dicken Stiel lösen und waschen, den Stiel schälen und würfeln. Die Schalotten abziehen, halbieren und quer in Streifen schneiden. Den Thymian waschen und trockenschütteln, die Blättchen abstreifen.

Zutaten für 4 Personen

400 g frische Pfifferlinge
3 EL Mehl
500 g Brokkoli
4 Schalotten
5 Zweige Thymian
4 EL Öl
Salz, schwarzer Pfeffer
100 ml trockener Weißwein

Zubereitungszeit:
45 Minuten

3. In eine große Pfanne bei starker Hitze 2 Esslöffel Öl geben und die Pfifferlinge darin unter Rühren in 1–2 Minuten bissfest braten. Mit Salz und Pfeffer würzen und herausnehmen.

4. Die Pfanne auswischen und im übrigen Öl unter Rühren bei mittlerer Hitze die Schalotten kurz anbraten, dann die Brokkoliwürfel samt Thymian darin 1 Minute braten. Die Röschen zugeben, mit Salz und Pfeffer würzen, mit Wein ablöschen und zugedeckt in 4–5 Minuten bissfest dünsten. Die Pfifferlinge untermischen und gleich servieren. Dazu schmecken Bratkartoffeln.

Kraut und Fenchel aus dem Ofen

VEGAN

Streifen von Weißkraut und Fenchel werden mit geraspeltem Apfel und geriebener Tomate im Ofen geschmort – perfekt zum Vorbereiten.

1. Das Weißkraut von den Außenblättern befreien und den Strunk sowie die groben Blattrippen entfernen. Das Kraut in feine Streifen hobeln und waschen. Den Fenchel waschen, putzen, vierteln und vom Strunk befreien, dann in feine Streifen schneiden.

2. Zwiebel und Knoblauch abziehen, den Apfel schälen, Tomate waschen und halbieren. Die Zwiebel halbieren und in Streifen schneiden, Knoblauch würfeln. Apfel auf der groben Reibe raspeln. Tomatenhälften mit der Schnittfläche auf der groben Reibe in eine Schüssel reiben, sodass man am Ende nur noch die Haut in der Hand und das Fruchtfleisch in der Schüssel hat.

Zutaten für 4 Personen

300 g Weißkraut

1 Fenchelknolle (200 g)

1 Zwiebel

3 Knoblauchzehen

1 aromatischer säuerlicher Apfel, z. B. Berlepsch oder Cox Orange

1 Fleischtomate

1 TL Kreuzkümmelsamen

Salz

weißer Pfeffer

700 ml Gemüsebrühe

100 ml Weißwein

Zubereitungszeit:
1 Stunde 30 Minuten

3. Den Ofen auf 200 Grad vorheizen (Umluft 180 Grad). Kraut, Fenchel, Apfel, Tomate und Knoblauch samt Kreuzkümmel, ½ Teelöffel Salz und Pfeffer in einem Bräter vermengen. Brühe und Wein zugießen und kurz einrühren.

4. Den geschlossenen Topf für 1 Stunde in den heißen Ofen (unten auf den Ofenboden) stellen, dabei öfters umrühren. Das fertige Gemüse abschmecken und mit Weißbrot servieren.

Sommereintopf mit Blumenkohl

Ein wenig Safran, ordentlich Knoblauch und etwas Thymian sind im Sud für die Gemüsesuppe, zum Schluss kommt noch ein Klecks Aioli dazu.

1. Den Blumenkohl putzen, in mundgerechte Röschen teilen und waschen. Die Zuckerschoten waschen und quer halbieren. Die Kirschtomaten waschen und vierteln. Den Knoblauch abziehen. Den Safran in 5 Esslöffel warmem Wasser einweichen. Thymian abspülen und die Blättchen zupfen.

2. 1,5 Liter Salzwasser mit Knoblauch, eingerissenem Lorbeerblatt und Thymian aufkochen. Den Blumenkohl darin 5 Minuten kochen, dann die Zuckerschoten zugeben und das Ganze weitere 5 Minuten kochen. Inzwischen das Basilikum waschen, trockenschütteln und die Blätter grob hacken.

3. Lorbeer und Knoblauch herausfischen, den Knoblauch beiseite legen. Kirschtomaten und Safran samt Einweichflüssigkeit in der Suppe einmal aufkochen. Die Sommersuppe mit Salz und Pfeffer abschmecken und vom Herd ziehen. Basilikum einrühren und alles zugedeckt 5 Minuten stehen lassen.

4. Inzwischen den Knoblauch mit einer Gabel zerdrücken und mit der Mayonnaise vermischen. Die Suppe auf tiefe Teller verteilen und je einen großzügigen Klecks Knoblauchmayonnaise hineingeben.

Zutaten für 4–6 Personen

1 kleiner Blumenkohl
200 g Zuckerschoten
250 g Kirschtomaten
3 Knoblauchzehen
1 Briefchen Safran (0,1 g)
4 Zweige frischer Thymian (ersatzweise ½ TL getrockneter)
Salz
1 Lorbeerblatt
1 Bund Basilikum
Pfeffer
120 g Mayonnaise (selbst gemacht, siehe Tipp, oder gekauft)

Zubereitungszeit:
45 Minuten

Jetzt noch was!

Für selbst gemachte Mayonnaise 1 Eigelb und 1 Spritzer Zitronensaft verrühren. Mit dem Schneebesen oder Handrührgerät im dünnen Strahl 150–200 Milliliter Öl unterschlagen – für Aioli je zur Hälfte bestes Oliven- und Pflanzenöl. Mit Salz, Zitrone und weißem Pfeffer abschmecken. Ergibt etwa 200 Gramm.

Wintereintopf mit Rotkohl

Zusammen mit der Steckrübe gart hier der klassisch deutsche Kohl mit einem ordentlichen Schuss Orient: von Kreuzkümmel bis Granatapfel – das wärmt in kalten Zeiten.

1. Den Rotkohl falls nötig von trockenen Außenblättern befreien, in Viertel schneiden und den Strunk entfernen. Nun die Viertel quer in nicht zu feine Streifen schneiden. Die Zwiebel abziehen, halbieren und in feine Streifen schneiden.

2. Orange heiß abwaschen und halbieren. Auf jeder Hälfte jeweils 2 Gewürznelken und 1 Lorbeerblatt feststecken. Aprikosen würfeln.

3. In einem großen Topf 4 Esslöffel Öl erhitzen und die Zwiebel darin mit dem Kreuzkümmel bei mittlerer Hitze zugedeckt 5 Minuten dünsten. Den Rotkohl dazugeben, kurz offen mitdünsten, dann mit Brühe auffüllen, mit Salz und Pfeffer würzen. Aprikosen und gespickte Orangenhälften zugeben und 30 Minuten kochen lassen.

4. Inzwischen Steckrüben schälen und grob raspeln. Petersilie waschen und trockenschütteln, die Blätter zupfen. Walnusskerne grob hacken und in einem Töpfchen 1 Minute im übrigen Öl rösten. Petersilie zugeben und vom Herd ziehen.

5. Granatapfel halbieren und aus einer Hälfte die Kerne herauslösen – bei nicht zu reifen Früchten geht das gut, wenn man die Hälfte auf ein mit Folie abgedecktes Brett legt (wegen der Flecken) und mit dem Kochlöffel kräftig auf die Schale klopft. Aus der anderen Hälfte mit der Zitruspresse Saft pressen.

6. Gute 5 Minuten vor Ende der Garzeit die Steckrüben zum Eintopf geben. Zum Schluss die Orangen herausfischen, den Granatapfelsaft einrühren. Den Eintopf abschmecken und auf Teller oder Schalen verteilen. Je 1 Esslöffel Schmand in die Teller geben und darauf etwas Nussmischung und Granatapfelkerne verteilen.

Zutaten für 4 Personen

500 g Rotkohl (½ Kopf)
1 rote Zwiebel
1 Bio-Orange
4 Gewürznelken
2 Lorbeerblätter
6 getrocknete Aprikosen
6 EL Olivenöl
1 TL Kreuzkümmelsamen
1 l Gemüsebrühe
Salz
schwarzer Pfeffer
300 g Steckrüben
1 Bund glatte Petersilie
12 Walnusskerne
1 Granatapfel
4 EL Schmand oder saure Sahne

Zubereitungszeit:
1 Stunde

PROBIER'S MAL:
ZWIEBELN

Ob bei Mutti oder beim Sternekoch, ob am Mittelmeer oder in Übersee – überall werden die Liliengewächse mit dem starken Aroma eingesetzt. Aber oft nur in Nebenrollen, etwa um Salatsaucen Biss oder Risotto eine Grundlage zu geben. Uns ist das zu wenig. Darum gibts hier ein paar Ideen für die bunte, geschmackvolle Zwiebelküche.

Gut vorbereitet

Zwiebeln (außer der Lauchzwiebel, gleich mehr zu ihr) stecken in trockener Schale, die eigentlich immer ab muss. Es sei denn, sie soll schützen (z. B. wenn die Zwiebel im Salzmantel gart) oder färben (vom Osterei bis zur Gemüsebrühe). Die äußeren Schalen können einfach mit der Hand abgerubbelt werden, dann am besten die Zwiebel erst mal an Spitze und Strunk kürzen – letzteren aber nicht ganz wegschneiden, denn dann zerfällt alles. Leichter lässt sich die Schale abziehen, wenn die Zwiebel vorher halbiert wird, denn dann gibts mehr Ansatzpunkte für Finger und Messer.

Salz, Wasser und andere Tricks

Wie man Zwiebeln schneidet, ohne zu weinen? Wissen wir nicht – aber wir wissen, dass Zwiebeln, die uns weinen lassen, Würze haben. Profiköche halten sich nicht lange mit Tränen auf, sprich, sie schneiden so schnell, dass an Heulen nicht zu denken ist. Aber auch wie das mit dem Schnellschneiden geht, verraten wir hier nicht, das können Kochkurse und Internet-Filme besser.

Dafür gibts hier ein paar Tricks, um die Zwiebel interessanter zu machen. Der erste: Salz. Wer frisch geschnittene Zwiebeln mit Salz vermischt und etwas ziehen lässt, macht sie milder und zugleich aromatischer. Kommt besonders gut bei rohen Gerichten und für Salatsaucen, denn wenn die mit »Salzzwiebeln« angerührt werden, binden sie das Öl sehr gut. Weil das Salz Wasser zieht, macht es die Zwiebeln dazu feucht, sodass sie beim Andünsten nicht so leicht anbrennen – erst recht, wenn sie unter einem Deckel dünsten, von dem immer wieder Feuchtigkeit durch den aufsteigenden Dampf hinabtropft. Und es ist wichtig, dass Zwiebeln gründlich angedünstet werden, denn so geben sie viel Aroma und werden schön zart.

Zeitmaschine Lauchzwiebel

Wer beim Kochen mit Zwiebeln weder lange schälen und schnibbeln noch weinen und warten will, schnappt sich ein Bund Lauchzwiebeln, auch Frühlingszwiebeln genannt. Von denen müssen nur das dunkle schlappe Grün und der »Bart«, also die Wurzeln, entfernt werden. Dann die Zwiebeln fix in Ringe schneiden, und es kann losgehen, gerne auch kurz eingesalzen. Lauchzwiebeln schmecken milder und sind weicher, das ist perfekt für ein leichtes Dressing, ein frisches Gemüsegericht oder fast alles im Wok. Und wer noch schneller sein will, nimmt einfach nur Schnittlauch – wenn der in Röllchen ganz zum Schluss ans Essen kommt, schmeckt das auch ein bisschen zwiebelig, ohne zu sehr zu zwiebeln.

Mehr dazu: Gemüse-Tempura (Seite 38), Rote Zwiebeln im Salzmantel (60), Grüne Zwiebelrahmsuppe (92), Tomaten, Lauchzwiebeln und Austernpilze vom Blech (100), Bunte Zwiebelsuppe mit Käsetoast (132), Rotweinschalotten mit Maronen (133), Spaghetti mit Radicchio und Feta (137), Speisekammer Zwiebeln (231)

Bunte Zwiebelsuppe mit Käsetoast

Ringe von roten, weißen und Lauchzwiebeln werden mit Sherry angedünstet und mit Gemüsebrühe gekocht, dazu gibt es Käsetoast.

1. Die rote und weiße Zwiebel abziehen und in Ringe schneiden, mit ½ Teelöffel Salz vermischen. Die Lauchzwiebeln putzen, dabei vom schlaffen und dunklen Grün und den Wurzeln befreien. Die festen Teile in Ringe schneiden. Schnittlauch waschen und trockenschütteln, dann in feine Ringe schneiden.

2. Im Öl bei kleiner Hitze die rote und weiße Zwiebel zugedeckt 5 Minuten andünsten. Mit 100 Milliliter Sherry ablöschen und diesen offen bei starker Hitze einkochen lassen. Nun die Lauchzwiebeln darin kurz andünsten, mit 50 Milliliter Sherry ablöschen und ebenso einkochen lassen.

3. Die Brühe zugießen, mit Salz und Pfeffer würzen und die Zwiebelsuppe 10 Minuten kochen lassen. Inzwischen den Ofen mit einem Blech darin auf 225 Grad vorheizen (Umluft 200 Grad). Die Toastbrote darauf beiseitig anrösten.

4. Käse, Senf, 2 Esslöffel Sherry und Eigelb miteinander verrühren. Dies auf die Toastbrote streichen und diese im heißen Ofen 5–6 Minuten auf der obersten Schiene backen, bis sie leicht bräunen.

5. Die Suppe abschmecken und heiß auf Schalen verteilen. Die Käsetoasts diagonal halbieren und zur Suppe servieren.

Zutaten für 4 Personen

1 rote Zwiebel
1 weiße Zwiebel
Salz
1 Bund Lauchzwiebeln
1 Bund Schnittlauch
2 EL Öl
150 ml trockener Sherry
1 l Gemüsebrühe
weißer Pfeffer
4 Toastbrote
150 g würziger Reibekäse (z. B. Cheddar)
1 EL scharfer Senf
2 EL trockener Sherry
1 Eigelb

Zubereitungszeit:
30 Minuten

Rotweinschalotten mit Maronen

Schalotten werden mit Wacholder und Rosmarin in Rotwein weich gegart, zum Schluss kommen Maronen und frische Butter dazu.

1. Die Schalotten schälen, größere werden halbiert – dabei darauf achten, dass der Schnitt durch den Strunk geht, sonst fällt eine Hälfte auseinander. Die Wacholderbeeren auf der Arbeitsplatte mit einem schweren Topf andrücken, Rosmarin waschen und trockenschütteln, die Nadeln von den Zweigen abstreifen.

2. Wacholder und Rosmarin mit den Schalotten in einen Topf geben, Salz, Zucker und Pfeffer dazugeben und alles mit dem Rotwein bedecken. Die Schalotten bei mittlerer Hitze zugedeckt in 20–25 Minuten weich dünsten.

3. Inzwischen die Maronen in einem Sieb abspülen und in den letzten 5 Minuten zu den Schalotten geben, damit sie gut erhitzt werden.

Zutaten für 4 Personen

400 g nicht zu große Schalotten

4 Wacholderbeeren

4 Zweige Rosmarin

¼ TL Salz

1 TL Zucker

½ TL schwarzer Pfeffer, grob gemahlen

½ l trockener Rotwein

250 g ungesüßte, geschälte Maronen (tiefgekühlt oder aus der Dose)

4 EL kalte Butter

Zubereitungszeit: 45 Minuten

4. Das Ganze abschmecken und die Butter nach und nach einrühren, ohne nochmals zu kochen – das bindet, gibt Glanz und Geschmack. Gleich servieren. Dazu schmecken Salzkartoffeln, Knödel oder Gnocchi.

JETZT NOCH WAS!

Wenn Sie nur Maronen in der Schale bekommen, heizen Sie den Ofen auf 200 Grad auf, ritzen Sie die Maronen kreuzweise ein und backen Sie sie 20–25 Minuten im Ofen. Dann kurz kalt abschrecken und die Schale lösen.

Gemüse *satt*

BLITZREZEPT

Linguine mit Safran-Butter-Tomaten

» Kirschtomaten werden mit Lauchzwiebelringen in einer würzigen Safran-Basilikum-Butter gedünstet, dann kommen frisch gekochte Nudeln dazu. «

Zutaten für 4 Personen

- 1 Döschen Safranfäden (0,1g)
- 1 TL Zitronensaft
- 1 TL Sojasauce
- 250 g Kirschtomaten
- 1 Bund Lauchzwiebeln
- 1 Bund Basilikum
- 80 g Butter
- Salz, weißer Pfeffer
- 500 g Linguine

Zubereitungszeit: 30 Minuten

1. Die Safranfäden mit Zitronensaft und Sojasauce vermischen und stehen lassen.

2. Die Kirschtomaten waschen und halbieren. Die Lauchzwiebeln waschen und putzen, dabei vom schlaffen und dunklen Grün befreien. Die Zwiebeln in Ringe schneiden. Basilikum falls nötig waschen und trockenschütteln, die Blättchen hacken.

3. Die Butter mit der Safranmischung und dem Basilikum gründlich vermengen, dabei mit Salz und Pfeffer würzen.

4. In einem großen Topf reichlich Salzwasser aufkochen und die Nudeln darin unter gelegentlichem Rühren nach Packungsaufschrift bissfest garen.

5. Inzwischen die Hälfte der Safranbutter bei mittlerer Hitze in einem Topf schmelzen lassen und darin die Lauchzwiebeln zugedeckt 2 Minuten dünsten. Die Tomaten dazugeben. Leicht salzen und weitere 2 Minuten dünsten. 4 Esslöffel vom Nudelwasser zu den Tomaten geben.

6. Die fast bissfesten Nudeln abgießen, zurück in den Topf geben, mit der Tomatenmischung und der übrigen Safranbutter vermischen und noch 1 Minute garen, bis die Nudeln bissfest sind und das Aroma gut aufgenommen haben. Falls nötig, noch salzen und gleich servieren.

BLITZREZEPT

Spaghetti mit Radicchio und Feta

Simpel und gut: Eingesalzene Zwiebeln braten und bräunen kurz mit Radicchio, dann wird alles mit Pasta vermischt und mit Feta gekrönt.

Zutaten für 4 Personen

- 2 weiße Zwiebeln
- Salz
- 1 kleiner Kopf Radicchio
- 1 Bund glatte Petersilie
- 200 g Feta
- 500 g Spaghetti
- 6 EL Olivenöl
- weißer Pfeffer
- 1 Spritzer Zitronensaft

Zubereitungszeit: 30 Minuten

1. Die Zwiebeln abziehen, halbieren und in Streifen schneiden, mit ¼ Teelöffel Salz mischen. Radicchio putzen, vierteln, vom Strunk befreien und die Viertel quer in Streifen schneiden. Petersilie waschen und trockenschütteln, die Blätter grob hacken. Feta würfeln.

2. In einem großen Topf reichlich Salzwasser aufkochen und die Nudeln darin unter gelegentlichem Rühren nach Packungsaufschrift bissfest garen.

3. Inzwischen die Zwiebeln im Öl in einer großen Pfanne bei mittlerer Hitze etwa 5 Minuten braten, bis sie leicht gebräunt sind. Radicchio zugeben und darin 2–3 Minuten braten, bis er zusammenfällt. Die Petersilie dazugeben und mit Salz, Pfeffer und Zitrone würzen.

4. Die bissfesten Nudeln abgießen und tropfnass mit der Zwiebel-Radicchio-Mischung vermengen und kurz gemeinsam erhitzen. Abschmecken, den Feta darüberstreuen und gleich servieren.

JETZT NOCH WAS!

Für dieses Gericht eignen sich auch andere würzige feste Blattsalate wie Chicorée, Endivie oder Frisée. Rucola geht auch, kommt aber nicht in die Pfanne, sondern mit den Zwiebeln an die Nudeln.

Nudeln mit Shiitakes und Staudensellerie

Im Wok wird ein Ansatz aus Ingwer und Knoblauch gebraten, dazu kommen die Pilze und der Sellerie, schließlich die Nudeln mit Ei und Sojasauce.

Zutaten für 4 Personen

250 g Shiitakes

200 g Staudensellerie

1 Stück frischer Ingwer (3 cm)

1 Knoblauchzehe

250 g asiatische Eiernudeln (ersatzweise normale Eiernudeln)

4 EL Öl

2 Eier

4 EL Sojasauce

Zubereitungszeit: 30 Minuten

1. Die Pilze putzen, dabei die zähen Stiele ganz abschneiden und die Kappen je nach Größe halbieren oder vierteln. Den Staudensellerie waschen und putzen, die Blätter zupfen und hacken, die Stangen in dünne Scheiben schneiden. Den Ingwer schälen, den Knoblauch abziehen und beides fein würfeln.

2. Die Nudeln nach Packungsaufschrift in reichlich kochendem Wasser garen – nach Asia-Art ohne Salz, da das Gemüse würzig genug ist. Nudeln abgießen und im Sieb kalt abspülen, damit sie nicht verkleben.

3. Inzwischen den Wok erhitzen, 1 Esslöffel Öl darin kreisen lassen und abgießen. Nun darin im übrigen Öl bei starker Hitze Ingwer und Knoblauch unter Rühren 30 Sekunden braten.

4. Staudensellerie zugeben und unter Rühren 1 Minute braten lassen. Pilze zugeben und weitere 30 Sekunden unter Rühren braten.

5. Hitze reduzieren und die Nudeln samt Sellerieblättern 2 Minuten im Wok braten. Eier mit Sojasauce verrühren und mit den Nudeln braten, bis sie gestockt sind. Gleich in Schalen servieren.

JETZT NOCH WAS!

Asiatische, vor allem chinesische Eiernudeln sind speziell fürs Wokken ideal und haben einen volleren Geschmack als Hartweizennudeln. Stattdessen kann man auch feine Eierbandnudeln nehmen.

Tagliatelle mit Kürbispesto

Im Ofen gegarter Hokkaidokürbis wird mit Kürbiskernen, Petersilie und Parmesan zu einer Paste gemixt, die mit heißer Pasta vermischt wird.

1. Den Ofen auf 180 Grad (Umluft 160 Grad) vorheizen. Den Kürbis waschen, putzen, halbieren und entkernen. Die Hälften samt Schale in 1 Zentimeter dicke Spalten schneiden.

2. Kürbisspalten in einem tiefen Blech mit 4 EL Öl, den Kürbiskernen, Salz und Pfeffer mischen und für 10 Minuten auf der mittleren Schiene in den Ofen schieben. Garen, bis sie weich sind, und abkühlen lassen.

3. Die Petersilie waschen und trockenschütteln, die Blätter grob hacken. Kürbis samt Kernen und Petersilie mit dem übrigen Öl im Mixer zu einer Paste zerkleinern und mit dem Parmesan mischen. Abschmecken.

Zutaten für 4 Personen

- 500 g Hokkaidokürbis
- 6 EL Olivenöl
- 4 EL grüne Kürbiskerne
- Salz, weißer Pfeffer
- 1 Bund glatte Petersilie
- 50 g Parmesan, frisch gerieben
- 500 g Tagliatelle

Zubereitungszeit:
30 Minuten

4. Inzwischen in reichlich Salzwasser die Tagliatelle nach Packungsaufschrift bissfest kochen. Abgießen, dabei einen Schluck Kochwasser im Topf behalten. Kürbispesto zugeben und mit den Nudeln vermischen. Gleich servieren.

Ofengegarter Kürbis hat besonders viel Geschmack. Toll für Kürbissuppe: Spalten mit Curry im Ofen rösten, mit Brühe, Kokosmilch und Orangensaft aufkochen.

Möhrenspätzle

Möhrenstifte werden karamellisiert und in Sahne und Gemüsebrühe bissfest gedünstet. Darin werden Spätzle mit reichlich Schnittlauch geschwenkt.

1. Die Möhren schälen und längs in Scheiben schneiden, diese dann quer in Stifte schneiden. Den Schnittlauch waschen und trockenschütteln, dann in Röllchen schneiden.

2. Die Butter in einer großen Pfanne bei mittlerer Hitze aufschäumen lassen und den Zucker darin leicht karamellisieren. Möhren darin kurz mitbraten, mit je 1 Prise Zimt und Muskat würzen.

3. Die Möhren mit Brühe und Sahne ablöschen. Mit Salz und Pfeffer würzen und 8–10 Minuten ohne Deckel dünsten, bis die Möhren bissfest sind und die Sauce cremig ist.

Zutaten für 4 Personen

400 g dicke Möhren
2 Bund Schnittlauch
3 EL Butter
½ TL Zucker
1 Prise gemahlener Zimt
1 Prise Muskatnuss, frisch gemahlen
100 ml Gemüsebrühe
200 g Sahne
Salz, Pfeffer
500 g Spätzle (fertig gekauft)

Zubereitungszeit:
30 Minuten

4. Inzwischen die Spätzle in reichlich Salzwasser nach Packungsaufschrift fast bissfest garen und abgießen.

5. Die Spätzle samt Schnittlauch zur Möhrensahne geben und noch kurz unter Rühren garen, bis sie bissfest sind. Abschmecken und gleich servieren.

Gnocchi mit Rosenkohl

Geviertelter Rosenkohl wird kurz blanchiert und dann mit Knoblauch und Rosmarin gedünstet, dazu kommen eine Idee Zimt und Zitrone und zum Schluss die Gnocchi.

1. Den Rosenkohl waschen und putzen, dabei falls nötig trockene Außenblätter entfernen. Die Röschen vierteln. Rosmarin waschen und trockenschütteln, die Nadeln abstreifen und grob hacken. Knoblauch abziehen und fein würfeln.

2. Reichlich Salzwasser aufkochen und darin den Rosenkohl in 6–8 Minuten bissfest kochen. Inzwischen in einer großen Pfanne bei mittlerer Hitze im Öl Knoblauch und Rosmarin 1 Minute braten.

3. Rosenkohl aus dem Wasser fischen und gut abtropfen lassen, dann in die Pfanne geben. Mit Pfeffer und Zimt würzen und 1 Minute unter Rühren dünsten. Zitronensaft zugeben und mit Salz abschmecken.

4. Gnocchi nach Packungsaufschrift im Rosenkohlsud garen, herausfischen und gut abtropfen lassen, dann samt dem Parmesan behutsam mit dem Rosenkohl vermengen. Gleich servieren.

Zutaten für 4 Personen

400 g Rosenkohl
4 Zweige Rosmarin
2 Knoblauchzehen
Salz
4 EL Olivenöl
schwarzer Pfeffer
1 Prise gemahlener Zimt
1 Spritzer Zitronensaft
500 g frische Gnocchi (aus der Kühltheke)
4 EL Parmesan, frisch gerieben

Zubereitungszeit: 45 Minuten

JETZT NOCH WAS!

Der etwas strenge Geschmack von Rosenkohl wird durchs Blanchieren gemildert und hier durch originelles Würzen veredelt. Mit Knödeln statt Gnocchi wird's zur klassischen Kombination.

Kartoffelknödel mit Paprikakraut

» Pellkartoffeln vom Vortag werden gerieben und mit Mehl, Stärke, Grieß und Ei vermengt. Die Knödel daraus haben eine Füllung aus Sauerkraut mit Paprika. «

1. Die Kartoffeln am Vortag in der Schale in Salzwasser in 20–25 Minuten gar kochen, abgießen und über Nacht völlig abkühlen lassen.

2. Für das Kraut die Paprikaschote waschen und putzen, dann in kleine Würfel schneiden. Die Zwiebel abziehen und würfeln.

3. Beides in der Butter bei mittlerer Hitze zugedeckt 5 Minuten dünsten, dann das Paprikapulver und das Sauerkraut samt Zucker dazugeben. Zugedeckt 10 Minuten garen lassen, dann offen auskühlen.

4. Die abgekühlten Kartoffeln pellen und grob in eine große Schüssel reiben. Mehl, Grieß und Stärke mit ½ Teelöffel Salz mischen und unter die Kartoffelmasse wirbeln. Dann das verschlagene Ei locker untermengen.

5. Einen kleinen Probeknödel formen und in kochendes Salzwasser geben. 5 Minuten ziehen lassen. Hält er, kann es losgehen. Sonst noch etwas Ei (wenn der Teig zu fest ist) oder andernfalls Mehl zugeben.

6. Aus der Knödelmasse auf bemehlter Fläche mit bemehlten Händen eine Rolle formen. Diese in 4 Zentimeter dicke Scheiben schneiden. Scheiben auf die Hand legen, mit je 1 Teelöffel Kraut belegen, Knödel darum formen und abrollen.

7. In einem großen Topf Salzwasser aufkochen und die Knödel hineingeben. Bei kleiner Hitze 20 Minuten ziehen lassen. Herausheben, abtropfen lassen und servieren.

Zutaten für 4 Personen

Für die Knödel:

1 kg vorwiegend fest- bis mehligkochende Kartoffeln

Salz

70 g Mehl und Mehl zum Arbeiten

70 g Hartweizengrieß

70 g Speisestärke

1 Ei

Für das Kraut:

1 rote Paprikaschote

1 Zwiebel

2 EL Butter

1 EL Paprikapulver edelsüß

1 kleine Dose Sauerkraut (etwa 350 g Abtropfgewicht)

1 Prise Zucker

Zubereitungszeit:
1 Stunde + 20 Minuten am Vortag

Frische Gnocchi aus Petersilienwurzeln

» Die Wurzeln garen mit mehligen Kartoffeln, woraus nach dem Pressen Gnocchi entstehen. Diese werden nach dem Sieden in einem Pesto aus Petersilie, Mandeln und Butter geschwenkt. «

Zutaten für 4–6 Personen

- 400 g Petersilienwurzeln
- 400 g möglichst mehligkochende Kartoffeln (z. B. Adretta, Melina oder Likaria)
- Salz
- 250–300 g Mehl
- weißer Pfeffer
- 1 Bund glatte Petersilie
- 1 Knoblauchzehe
- 2 EL Mandelblättchen
- 100 g Butter
- 50 g Parmesan, frisch gerieben
- 1 Spritzer Zitronensaft

Zubereitungszeit:
1 Stunde 30 Minuten

1. Die Petersilienwurzeln und die Kartoffeln waschen und schälen, dann in 3–4 Zentimeter dicke Stücke schneiden. Diese in Salzwasser in etwa 15 Minuten bissfest kochen.

2. Das Wasser abgießen und das Gemüse 1 Minute auf dem ausgeschalteten Herd ausdampfen lassen. Nun mit einer Kartoffelpresse oder mit dem Stampfer fein zerdrücken. Unter die heiße Masse behutsam 250 Gramm Mehl mit ½ Teelöffel Salz und 1 Prise Pfeffer mengen. Davon ein Probeklößchen in kochendes Wasser geben – ist es zu locker, etwas Mehl zugeben. Wichtig: Die Masse muss noch heiß bis warm sein.

3. Nun mit ordentlich Mehl an den Händen wie auf der Arbeitsfläche gut daumendicke Rollen aus der Masse formen. Diese in 2–3 Zentimeter dicke Stücke schneiden. Nach Wunsch die Stücke etwas rund rollen und mit der Gabel leicht eindrücken für die typischen Gnocchi-Rillen. 10 Minuten ruhen lassen.

4. Petersilie waschen und trockenschütteln, die Blättchen zupfen und nicht zu fein hacken. Den Knoblauch abziehen und würfeln. Mandelblättchen in einer trockenen Pfanne goldgelb rösten. Die Butter darin schmelzen und samt dem Knoblauch einmal aufschäumen lassen.

5. In einem großen Topf reichlich Salzwasser aufkochen, darin portionsweise die Gnocchi leicht wallend kochen, bis sie nach 4–5 Minuten an die Oberfläche steigen. Mit einer Schaumkelle herausheben, gut abgetropft zur Mandelbutter geben.

6. Wenn alle Gnocchi gegart sind, nochmals Hitze unter die Pfanne geben und die Gnocchi darin samt Petersilie vorsichtig schwenken. Parmesan und Zitronensaft zugeben, kräftig abschmecken und servieren.

Rahmkartoffeln mit Mairüben

Festkochende Kartoffeln garen mit Rüben in Gemüsesud, bevor sie mit einer Legierung aus Eigelb und Crême fraîche gebunden und mit den Rübenblättern vollendet werden.

Zutaten für 4 Personen

- 200 g Mairüben samt Grün (ersatzweise Kohlrabi)
- 700 g festkochende Kartoffeln
- 400 ml Gemüsebrühe
- Salz
- 100 g Crème fraîche
- 1 Eigelb
- 1 TL scharfer Senf
- weißer Pfeffer

Zubereitungszeit:
30 Minuten

1. Die Mairüben waschen und putzen. Das Grün samt Stielen grob hacken, die Rüben schälen, halbieren und in 1 Zentimeter dicke Scheiben schneiden.

2. Die Kartoffeln waschen, schälen und ebenso in 1 Zentimeter dicke Scheiben schneiden.

3. Die Brühe aufkochen und die Rüben- und Kartoffelscheiben darin mit ½ Teelöffel Salz in 10–15 Minuten bissfest kochen. Inzwischen die Crème fraîche in einer kleinen Schüssel mit dem Eigelb und dem Senf verrühren.

4. Die gegarten Kartoffeln vom Herd ziehen, einen Schöpfer vom Sud in die Eigelbmischung rühren und diese in den heißen, nicht mehr kochenden Sud rühren, sodass er cremig gebunden wird. Mit Salz und Pfeffer abschmecken und servieren.

DIE WAGNERS RATEN

Hier gibts Béchamelkartoffeln auf die feine Art, denn gebunden wird nicht mit einer Mehlschwitze, sondern mit einer Eigelb-Sahne-Legierung.

Kartoffel-Lauch-Gratin

Kartoffelscheiben und Lauchringe garen in würziger Sahne mit Majoran und geriebenem Käse langsam im Ofen, bis sie gar und goldgelb gebräunt sind.

1. Den Lauch putzen, dabei das feste dunkle Grün und falls nötig grobe Außenblätter entfernen. Den Lauch bis auf den Strunk in Ringe schneiden. Diese im Sieb mit kaltem Wasser abbrausen und abtropfen lassen.

2. Die Kartoffeln gründlich waschen und schälen, dann in dünne Scheiben schneiden oder hobeln. Eine flache Auflaufform buttern, darin die Kartoffeln mit dem Lauch vermischen und dabei mit Salz und Pfeffer würzen.

3. Den Ofen auf 180 Grad vorheizen (Umluft 160 Grad). Sahne und Milch mit Majoran und Pfefferkörnern in einem Topf aufkochen. Den Topf vom Herd ziehen, den geriebenen Käse zugeben und einrühren, bis dieser geschmolzen ist.

4. Das Kartoffel-Lauch-Gemüse mit der Sahnemischung in der Form übergießen und leicht vermengen. Auf der mittleren Schiene in den heißen Ofen schieben und etwa 45 Minuten garen, bis die Kartoffeln weich und das Gratin leicht gebräunt ist.

Zutaten für 4 Personen

1 Stange Lauch (300–400 g)

500 g eher kleine vorwiegend festkochende Kartoffeln

Butter für die Form

Salz, weißer Pfeffer

200 g Sahne

100 ml Milch

1 TL Majoranblätter (frisch oder getrocknet)

1 TL rote Pfefferkörner

70 g geriebener Käse (z. B. Gouda)

Zubereitungszeit:
1 Stunde

Rahmradieserl mit Brezenknödeln

Bayerische Brotzeit mit dem Kick: Radieschen werden samt Grün in Senfsahne geschmort, dazu gibt es mit Bier zubereitete Knödel aus Laugengebäck.

Zutaten für 4 Personen

Für die Brezenknödel:
200 g altbackene Brezeln (bayer.: Brezen)
4 Lauchzwiebeln
4 EL Butter
150 ml helles Bier
3 Eier
Salz, weißer Pfeffer
Semmelbrösel nach Bedarf

Für die Radieserl:
2 Bund Radieschen
2 EL Butter
Salz, weißer Pfeffer
100 ml Gemüsebrühe
200 g Sahne
1 EL körniger Senf

Zubereitungszeit:
1 Stunde 15 Minuten

1. Für die Knödel die Brezeln in dünne Scheiben schneiden. Die Lauchzwiebeln waschen und putzen, das feste dunkle Grün in feine Ringe schneiden. Übrige Zwiebeln der Länge nach halbieren, quer in feine Streifen schneiden.

2. Die hellen Zwiebelstreifen in der Butter zugedeckt sanft dünsten, bis sie glasig sind. Mit Bier aufgießen, dieses nur heiß werden lassen, nicht aufkochen. Die Zwiebel-Bier-Mischung über die Brezeln gießen und die dunkelgrünen Zwiebelringe zugeben. Alles leicht vermengen und 20 Minuten quellen lassen.

3. Inzwischen die Radieschen gründlich waschen, das Grün zupfen und von den groben Stielen befreien. Die Blätter grob hacken, die Knollen halbieren.

4. Eier aufschlagen und verquirlen, dann mit Salz und Pfeffer zur Brezelmasse geben und unterheben – nicht kneten. In einem Topf Salzwasser aufkochen und darin einen Probeknödel garen – ist er zu locker, noch Semmelbrösel zur Masse geben; ist er zu fest, noch Bier.

5. Anschließend mit feuchten Händen 12 Knödel formen und ins leicht siedende Wasser geben, bei kleiner Hitze 20 Minuten ziehen lassen.

6. Inzwischen in der Pfanne bei mittlerer Hitze die Butter schmelzen und darin die Radieschen 1 Minute anbraten. Mit Salz und Pfeffer würzen, Brühe und Sahne aufgießen und in 6–8 Minuten die Radieschen bissfest dünsten. Senf und Radieschenblätter einrühren, abschmecken und mit den abgetropften Brezenknödeln servieren.

KLASSIKER

Strozzapreti mit Spinat und Salbeibutter

Ein italienisches Arme-Leute-Gericht, bei dem altes Brot mit Spinat und Ei in Gnocchi verwandelt wird – ähnlich wie bei den bayerischen Semmelknödeln.

Zutaten für 4 Personen

300 g altbackenes Weißbrot (z. B. Ciabatta)
250 g frischer Blattspinat
Salz
2 Eier
1 Eigelb
120–150 g Mehl
weißer Pfeffer
8 Salbeiblätter
100 g Butter
50 g Parmesan, frisch gerieben

Zubereitungszeit:
1 Stunde + 1 Stunde Durchziehen

1. Das Weißbrot samt der Rinde in Würfel schneiden, dann mit so viel kochendem Wasser begießen, dass dieses gerade aufgenommen wird – die Menge hängt davon ab, wie trocken das Brot ist. Behutsam wenden und 1 Stunde stehen lassen.

2. Den Spinat gründlich waschen und putzen, dann in reichlich kochendem Salzwasser einmal aufwallen lassen. Aus dem Kochwasser fischen und in einem Sieb kurz kalt abspülen, sodass man ihn gerade anfassen kann. Den Spinat zwischen den Händen kräftig auspressen und hacken.

3. Das Brot falls nötig sanft ausdrücken. Eier und Eigelb verquirlen und samt Spinat, Mehl und je 1 Prise Salz und Pfeffer zum Brot geben. Alles behutsam miteinander vermengen – nicht kneten, sonst werden die Strozzapreti zu fest.

4. Ein kleines Probeklößchen formen und in kochendem Salzwasser 2–3 Minuten garen, bis es an die Oberfläche steigt. Ist es zu locker, noch Mehl zugeben.

5. Aus den Klößchen mit einem in Wasser getauchten Esslöffel Nocken formen und auf ein befeuchtetes Blech geben. Salbei waschen und trockenschütteln, die Blätter zupfen und in Streifen schneiden.

6. Die Strozzapreti in reichlich kochendes Salzwasser geben und leicht wallend 4–5 Minuten kochen, bis sie an die Oberfläche steigen. Inzwischen die Butter mit dem Salbei aufschäumen lassen. Strozzapreti in tiefe Teller geben, mit Salbeibutter begießen und mit dem Parmesan bestreuen.

Frühlingsallerlei mit Grießnocken

Fast wie Leipziger Allerlei, nur dass Spargel, Möhren, Erbsen und Pilze in einer aromatischen Gemüsebutter statt in Krebsbutter vollendet werden.

Zutaten für 4 Personen

Für das Allerlei:
250 g weißer Spargel
250 g möglichst junge Möhren
80 g Butter
150 g kleine Champignons
Salz
200 g frische oder tiefgekühlte Erbsen
Pfeffer
1 Spritzer Zitronensaft

Für die Nocken:
1 l Milch
50 g Butter
Salz
250 g Weichweizengrieß
Butter für das Blech
1 Eigelb

Zubereitungszeit:
1 Stunde 30 Minuten

1. Für die Nocken die Milch mit der Butter und 1 kräftigen Prise Salz aufkochen, vom Herd ziehen und den Grieß unter Rühren einrieseln lassen. Den Topf zurück auf den Herd schieben und unter weiterem Rühren die Masse zu einem festen Brei kochen, der sich vom Topfboden löst.

2. Eine flache Form mit Öl auspinseln und die heiße Masse darin 2 Finger hoch glatt streichen. Abkühlen und 2–3 Stunden stehen lassen.

3. Für das Allerlei Spargel und Möhren gut waschen und schälen. Die Schalen in einem kleinen Topf in der Butter bei kleinster Hitze 15 Minuten zugedeckt dünsten. Beiseite stellen.

4. Die Möhren falls nötig passend zum Spargel längs halbieren oder vierteln und dann wie den Spargel in 3–4 Zentimeter lange Stücke schneiden. Spargelköpfe extra legen. Champignons mit Küchenpapier abreiben, Stiele herausdrehen und beiseite legen. Die Köpfe vierteln.

5. Reichlich Salzwasser aufkochen, darin Spargelstücke und Möhren in etwa 10 Minuten bissfest kochen. Herausfischen, dann die Spargelköpfe und Erbsen darin bissfest ga#ren, zu Spargel und Möhren geben.

6. Den Ofen auf 200 Grad (Umluft 180 Grad) vorheizen. Mit einem Glas Halbmonde aus dem Grießbrei stechen und diese auf ein gebuttertes Blech setzen. Eigelb verquirlen und die Nocken damit bestreichen. Diese dann 15 Minuten im heißen Ofen (Mitte) goldbraun backen.

7. Die Gemüsebutter durch ein Sieb in einen weiten Topf gießen und bei mittlerer Hitze leicht bräunen lassen. Champignons 1 Minute mitbraten, dann das übrige Gemüse darin erhitzen. Mit Salz, Pfeffer und Zitrone würzen, zu den Nocken servieren.

Kürbis mit Couscos und Feta

Der Allrounder Hokkaido wird vorgegart und halbiert, die Hälften werden mit einem süßpikanten Couscous gefüllt und im Ofen mit Feta überbacken.

Zutaten für 4 Personen

- 250 g Instant-Couscous (gibts im türkischen Lebensmittel- oder im Bioladen)
- 2 EL Korinthen (kleine getrocknete Trauben, ansonsten Sultaninen)
- 1 rote Zwiebel
- Salz
- 100 g schwarze Oliven mit Stein
- 1 kleines Bund Minze
- 50 g geschälte Pistazienkerne
- gemahlener Zimt
- ½ Bio-Zitrone
- 2 kleine Hokkaidokürbisse
- 6 EL Olivenöl
- schwarzer Pfeffer
- 200 g Feta

Zubereitungszeit:
1 Stunde

1. Den Couscous mit den Korinthen in einer Schüssel mischen und 250 Milliliter kochendes Wasser darübergießen. Umrühren, beiseite stellen und quellen lassen. Die Zwiebel abziehen und würfeln, mit ½ Teelöffel Salz vermischen und ziehen lassen.

2. Das Olivenfleisch vom Stein schneiden. Die Minze waschen und trockenschütteln, die Blättchen grob hacken. Pistazienkerne mit 1 Prise Zimt in einer trockenen Pfanne rösten und abkühlen lassen. Zitrone heiß abwaschen und abtrocknen, Schale dünn abreiben und den Saft auspressen.

3. Den Ofen auf 180 Grad vorheizen (Umluft 160 Grad). Kürbisse waschen und putzen, halbieren und mit einem Esslöffel die Kerne herausstreichen. An der Rundung unten ein wenig gerade zuschneiden, damit sie später besser stehen bleiben.

4. 2 EL Öl auf einem Backblech verstreichen, Kürbisse mit der Schnittfläche daraufsetzen und 15 Minuten auf der mittleren Schiene garen.

5. Inzwischen Couscous, Zwiebeln, Oliven, Minze, Pistazien, Zitronenschale und -saft miteinander vermischen. Mit Salz und Pfeffer abschmecken. Feta zerpflücken und mit dem übrigen Öl mischen.

6. Die vorgegarten Kürbishälften aus dem Ofen holen, wenden und mit dem Couscous füllen. Den Feta darüber verteilen, die Kürbishälften mit der Öffnung nach oben aufs Blech setzen und weitere 15 Minuten im Ofen garen. Gleich servieren.

Topinambur-Risotto mit Trauben und Nüssen

Nach dieser Methode wird der Reis nur zum Schluss gerührt, wenn die Nussbutter dazukommt. Das Aroma von Topinambur harmoniert gut mit den Trauben.

Zutaten für 4–6 Personen

- 1,5 l Gemüsefond (selbst gemacht oder aus dem Glas)
- 150 ml trockener Weißwein
- 1 weiße Zwiebel
- 400 g Topinambur
- 6 EL Olivenöl
- 500 g Risottoreis
- Salz
- 100 g weiße aromatische Weintrauben
- 50 g Haselnusskerne
- 50 g Butter
- 50 g Parmesan, frisch gerieben

Zubereitungszeit:
45 Minuten

1. Den Gemüsefond mit dem Weißwein zugedeckt aufkochen und vom Herd ziehen.

2. Die Zwiebel abziehen und fein würfeln. Die Topinambur gründlich waschen und schälen, dann die Knollen in 1 Zentimeter große Würfel schneiden.

2. Die Zwiebel in einem großen Topf bei mittlerer Hitze im heißen Öl in 5 Minuten zugedeckt glasig braten. Topinambur samt Reis zugeben und diesen offen unter Rühren glasig braten. Salzen.

3. Die heiße Brühe auf einmal dazugießen und den Reis zugedeckt ohne Rühren (!) je nach Korn 12–15 Minuten quellen lassen, bis er al dente und noch leicht flüssig ist.

4. Inzwischen die Trauben waschen und von der Rispe zupfen. Haselnüsse grob hacken und in einer trockenen Pfanne anrösten, dann die Butter zugeben und darin aufschäumen lassen.

5. Nussbutter und Käse zum fertigen Risotto in den Topf geben und neben dem Herd 2 Minuten rühren, bis er schön cremig ist. Trauben kurz einrühren und den Topinambur-Risotto 1 Minute zugedeckt ziehen lassen. Gleich servieren.

Das Foto zum Rezept finden Sie auf Seite 158.

JETZT NOCH WAS!

Ein Grundrezept fürs Glück, das sich abwandeln lässt: Mit Kohlrabi oder Fenchel statt Topinambur, mit Walnüssen oder Mandeln statt Haselnüssen, mit altem Gouda statt Parmesan.

SANFTE ÜBERRASCHUNG

BLITZREZEPT

Pilaw mit Avocado und Austernpilzen

VEGAN

Bei der Pilaw-Methode wird Reis angebraten und zugedeckt ohne Rühren gekocht, dann quillt er noch nach. Dabei kann sich zartes Gemüse wie hier auf ihm wärmen.

Zutaten für 4 Personen

2 EL Öl
2 Tassen Langkornreis (parboiled, 350 g)
Salz
1 Lorbeerblatt
150 g Austernpilze
6 Stängel Dill
1 Avocado
Saft von ½ Zitrone
weißer Pfeffer

Zubereitungszeit: 30 Minuten

1. Das Öl in einem Topf bei mittlerer Hitze erwärmen und darin den Reis unter Rühren glasig braten. Salzen, mit 3 Tassen Wasser (600 Milliliter) aufgießen und das eingerissene Lorbeerblatt dazugeben.

2. Den Reis ohne Rühren 10 Minuten bei kleiner Hitze zugedeckt garen, bis die Flüssigkeit eingekocht ist und sich kleine Löcher an der Oberfläche bilden.

3. Inzwischen die Pilze putzen und würfeln. Dill waschen und trockenschütteln, die Spitzen hacken. Die Avocado am Stein entlang der Länge nach halbieren, die Hälften gegeneinander drehen und lösen. Stein und Schale entfernen, das Fruchtfleisch würfeln und mit Pilzen, Dill, Zitrone, Salz und Pfeffer mischen.

4. Die Avocado-Mischung nach den 10 Minuten auf den Reis geben, zudecken und ihn weitere 10 Minuten auf der ausgeschalteten Herdplatte quellen lassen. (Bei Gas oder Induktion in den 80 Grad heißen Ofen stellen.)

5. Zum Schluss alles behutsam mit der Gabel vermischen und gleich servieren.

Gurkenreis mit Feta

Gurkenstücke garen mit dem Reis und geben ihm ihr Aroma ebenso wie die in Wein ausgekochten Schalen, zum Schluss kommt Feta mit Basilikum dazu.

1. Die Zwiebel abziehen, vierteln und in Streifen schneiden. Die Gurke waschen und schälen, die Schalen im Wein aufkochen und stehen lassen. Gurke der Länge nach vierteln und in 1 Zentimeter dicke Scheiben schneiden.

2. Die Zwiebel im Topf zugedeckt bei mittlerer Hitze im heißen Öl glasig braten. Gurken, Reis und Senfkörner darin unter Rühren offen 2 Minuten anbraten.

3. Den Wein durch ein Sieb sowie die Brühe zum Reis gießen, mit Salz und Pfeffer würzen und zugedeckt ohne Rühren 10 Minuten garen, bis die Flüssigkeit verkocht ist und sich an der Oberfläche Löcher bilden.

4. Den Gurkenreis noch 10 Minuten auf der ausgeschalteten Herdplatte (bei Gas oder Induktion im 80 Grad heißen Ofen) quellen lassen. Inzwischen Feta würfeln, Basilikum waschen und trockenschütteln, die Blätter grob hacken.

5. Beides samt Zitronensaft behutsam mit einer Gabel unter den Reis mengen und gleich servieren.

Zutaten für 4 Personen

- 1 rote Zwiebeln
- 1 Salatgurke (oder 2 Gartengurken)
- 150 ml trockener Weißwein
- 4 EL Olivenöl
- 2 Tassen Langkorneis (parboiled, 350 g)
- 1 TL Senfkörner
- 2 Tassen Gemüsebrühe
- Salz, weißer Pfeffer
- 200 g Feta
- 1 Bund Basilikum
- 1 Spritzer Zitronensaft

Zubereitungszeit: 45 Minuten

JETZT NOCH WAS!

Je geschmackvoller die Gurken, desto besser: Kleine Gartengurken, knubbelige Schmorgurken oder auch die würzigen kleinen Gurken fürs Einmachen eignen sich sehr gut dafür.

VEGAN

BLITZREZEPT

Nasi-Gemüse

Der indonesische Evergreen mit Auberginen, Spargel und Chili, aber ohne Fleisch. Wichtig ist, dass der Reis (nasi) völlig abgekühlt ist, sonst wird er zu Brei.

1. Den Reis aus dem Kühlschrank nehmen (bzw. vorkochen und völlig abkühlen lassen, siehe Tipp).

2. Die Chilischoten waschen und putzen, dann der Länge nach halbieren und je nach gewünschter Schärfe mit Kernen oder ohne (ohne ist milder) quer in feine Streifen schneiden. Knoblauch und Schalotte abziehen und fein würfeln. Alles mit Kurkuma und 5 Esslöffel Öl vermischen.

3. Den Spargel waschen, falls nötig das untere Drittel schälen und holzige Enden abschneiden. Die Stangen in 2–3 Zentimeter lange Stücke schneiden. Auberginen waschen und putzen, je nach Größe ganz lassen oder längs teilen und in 1 Zentimeter dicke Scheiben schneiden.

4. Einen Wok stark erhitzen. 1 Esslöffel Öl darin kreisen lassen und wieder abgießen. Das vorbereitete Chiliöl darin 30 Sekunden unter Rühren braten, dann die Gemüse zugeben und unter Rühren in 2–3 Minuten bissfest braten.

5. Sojasauce und Zucker ins Gemüse rühren, dann den Reis zugeben und unter öfterem Wenden bei starker Hitze braten, bis er heiß und leicht knusprig ist. Abschmecken und gleich mit Limettenachteln servieren.

Zutaten für 4–6 Personen

- 800 g gekochter Langkornreis (aus 250 g rohem)
- 2–4 kleine grüne Chilischoten (je nach Lust auf Schärfe)
- 2 Knoblauchzehen
- 1 Schalotte
- 1 TL gemahlene Kurkuma
- 6 EL Öl
- 200 g grüner Spargel
- 400 g Auberginen (am besten die kleinen gut daumendicken aus dem Asialaden)
- 2 EL Sojasauce
- 1 TL brauner Zucker
- 1 Limette

Zubereitungszeit: 30 Minuten

JETZT NOCH WAS!

Traditionell wird für Nasi Goreng der vom letzten Essen übrige Reis mit viel Gewürz und etwas Fleisch angebraten. Der Reis darf nie frisch gekocht sein, weil er sonst zu sehr klebt. Ideal ist, wenn er vor einigen Stunden gekocht und völlig abgekühlt ist, Reis vom Vortag kann leicht zu trocken sein.

Pizza mit grünem Spargel

Eine (süd)frankophile Version des italienischen Klassikers, bei dem das Gemüse auf einer Schicht aus Mascarpone und Ziegenkäse gebacken wird.

Zutaten für 4 Personen

Für den Teig:

½ Würfel frische Hefe (etwa 20 g)
Zucker
300 g Mehl
Salz
4 EL Olivenöl
Mehl zum Formen

Für den Belag:

10 Stangen grüner Spargel
2 kleine weiße Zwiebeln
Salz
100 g Ziegenfrischkäse
250 g Mascarpone
weißer Pfeffer
100 g Pinienkerne
4 EL Olivenöl

Zubereitungszeit:
1 Stunde

1. Die Hefe zerbröckeln und mit 1 Prise Zucker in 150 Milliliter lauwarmem Wasser glatt rühren und auflösen. Dann mit dem Mehl und 1 Prise Salz zu einem glatten seidigen Teig verkneten, zum Schluss das Olivenöl einkneten. Den Teig zugedeckt 30 Minuten gehen lassen.

2. Inzwischen den Spargel waschen, falls nötig im unteren Drittel schälen und holzige Enden abschneiden. Die Stangen schräg in dünne Scheiben schneiden. Die Zwiebeln abziehen und in feine Ringe schneiden, mit 1 Prise Salz mischen. Ziegenfrischkäse und Mascarpone mit etwas Pfeffer verrühren.

3. Den Backofen auf 250 Grad Umluft vorheizen. Zwei Backbleche mit Backpapier belegen. Den Teig nochmals gut kneten, in vier Portionen teilen und aus jeder auf bemehlter Fläche einen dünnen Pizzafladen formen.

4. Fladen aufs Blech legen und mit Mascarpone-Mischung bestreichen. Spargel, Zwiebeln und Pinienkerne darüberstreuen. Die Pizzen mit Pfeffer übermahlen, mit jeweils 1 Esslöffel Öl beträufeln und für 8–10 Minuten auf der mittleren Schiene in den heißen Ofen schieben, bis der Teig schön aufgegangen und gebräunt ist. Gleich servieren.

JETZT NOCH WAS!

Wenn Sie Ihre Pizza besonders knusprig haben wollen, schieben Sie die Bleche beim Aufheizen gleich mit in den Ofen (Backpapier kommt erst mit der Pizza drauf). Das gibt dem Boden Extrahitze.

Focaccia mit Zucchini und Rosinen

VEGAN

» Die dicke Schwester der Pizza im sizilianischen Kleid süßpikant, mit Rosinen und Zitrone – die Zucchinimischung kommt sowohl in als auch auf den Teig. «

Zutaten für 4 Personen

Für den Teig:

500 g Mehl
1 TL Salz
½ Würfel frische Hefe (etwa 20 g)
6 EL Olivenöl

Für Füllung und Belag:

2 EL Rosinen
2 EL trockener Weißwein
4 EL Mandelblättchen
300 g Zucchini
1 Knoblauchzehe
Saft und Schale von ½ Bio-Zitrone
1 TL getrockneter Oregano
grobes Salz, weißer Pfeffer

Zubereitungszeit:
1 Stunde 45 Minuten

1. Für den Teig Mehl und Salz miteinander vermengen. Die Hefe in ¼ Liter lauwarmem Wasser auflösen und mit dem Mehl und dem Öl zu einem glatten Teig verkneten. Diesen zugedeckt an einem warmen Ort 1 Stunde gehen lassen.

2. Inzwischen für Füllung und Belag Rosinen im Wein einmal aufkochen und beiseite stellen. Die Mandelblättchen in einer trockenen Pfanne anrösten und abkühlen lassen.

3. Zucchini waschen und putzen, dann grob raspeln. Knoblauch abziehen und fein würfeln, dann alle vorbereiteten Zutaten mit Zitronensaft und -schale sowie dem Oregano mischen. Mit Salz und Pfeffer würzen.

4. Eine Hälfte der Mischung unter den Teig kneten. Diesen mit bemehlten Händen auf einem mit Backpapier belegten tiefen Blech flach drücken und mit dem Finger Löcher reinstippen. Darüber die übrige Zucchinimischung verteilen. Die Focaccia nochmals 15 Minuten gehen lassen.

5. Den Backofen auf 250 Grad Umluft vorheizen. Die Focaccia auf der mittleren Schiene etwa 20 Minuten backen, bis sie schön gebräunt ist. Lauwarm servieren.

PROBIER'S MAL: SUPPENGRÜN

Am Suppengrün erkennen wir, ob's unser Gemüsehändler gut mit uns meint. Wenn Karotte, Sellerie und Lauch Beilagenqualität haben (und dazu noch ein paar andere Wurzeln plus frische Petersilie kommen), dann sind wir im richtigen Laden. Und haben auf einen Griff einen vielseitigen Kombipack im Korb.

Entdecke das »übersehenste Gemüse«

Mit unseren »Probier's-mal-Tipps« in diesem Buch wollen wir gute Bekannte neu entdecken – lange missachtete sind wie die Roten Beten (Seite 94), solche, die wir mal das Rollenfach wechseln lassen wie die Zwiebel (Seite 130), oder von denen wir eine neue Seite vorführen wie die grüne Seite des Radieschens (Seite 54). Unsere liebste Entdeckung aber ist das Suppengrün, unser vielleicht »übersehenstes Gemüse«. Wir kriegen es überall, es kann alles Mögliche – und landet doch fast immer nur im Brühentopf, aus dem es am Ende hinausgeworfen wird. Was schade ist, denn die Kombi von Möhre, Sellerie und Lauch mit Zwiebeln und Petersilie ist etwas Einmaliges.

So ist's richtig

Ein bis zwei feste Möhren mit glatter fleckenloser Schale, dazu vielleicht noch eine ebensolche Pastinake oder Petersilienwurzel, dann ein Stück Sellerie, dessen Anschnitt noch nicht braun und vertrocknet ist, schließlich eine ganze kleine oder halbe große Stange Lauch, die saftig grün und weiß ist – so muss gutes Suppengrün sein. Ist auch frische Petersilie dabei und eine (meist halbe) Zwiebel, die noch Saft hat, perfekt! So kann man es in der Plastikschale kaufen oder hübsch klassisch mit Küchengarn oder Gummiband gebunden. Ausgepackt wird auch das auf jeden Fall, denn selbst für die Brühe sollten Wurzeln und Rüben geschält werden, wenn sie klar werden soll.

So wirds gut

Nach dem Zuschneiden wird das Gemüse in Butter oder Öl im eigenen Saft oder mit etwas Flüssigkeit gedünstet, um daraus eine feine Cremesuppe, tolles Püree oder einfach eine bunte Beilage zu zaubern. Es kann auch geschmort werden, gerne in Wein, wie das schon bei klassischen Fleischragouts und Braten geschieht. Dieses »Mirepoix«, wie die Franzosen zum Röstgemüse aus Suppengrün sagen, gibt aber auch reinen Gemüsesaucen kräftige Substanz. Außerdem lassen sich »Rohgeröstete« und Chips aus den Wurzeln des Grüns machen.

So geht's auch

Suppengrün als neues Gemüse entdeckt – check! Wie wärs jetzt mit ein paar neuen Gemüse fürs Suppengrün? Soll die Brühe nach Italien und Sommer schmecken, muss natürlich eine feste Tomate mit rein, die den Sud auch optisch vergoldet. Statt Petersilie ein paar Stängel bzw. Zweige Basilikum, Oregano oder Rosmarin, statt Zwiebel Knoblauch und als Geheimtipp noch ein Stückchen Zitronenschale – fertig ist die Grundbrühe für die Cucina alla mamma. Noch ein bisschen Zimt und Kardamom dazu – orientalisch. Das Gleiche, nur ohne Kräuter und Tomate, dafür mit Ingwer, Chili und Trockenpilzen – asiatisch.

<u>Mehr dazu:</u> Suppengrün-Lasagne (Seite 170), Stampf mit Sauce (171), Speisekammer Knollensellerie (213), Speisekammer Lauch (215), Speisekammer Möhren (216)

Suppengrün-Lasagne

» Bei der klassischen Bolognese hat es nur eine Nebenrolle, hier ist es der Held: Suppengrün schmort solo mit Tomaten und wird mit Nudeln und Käse im Ofen gebacken. «

1. Den Lauch putzen, der Länge nach halbieren und unter fließendem Wasser gründlich ausspülen. Möhren und Sellerie schälen, den Knoblauch abziehen, die Kirschtomaten waschen.

2. Den Lauch der Länge nach in Streifen und dann quer in Plättchen schneiden. Möhren und Sellerie in lange Scheiben schneiden, diese dann in Streifen und schließlich in Würfel. Knoblauch fein würfeln, Kirschtomaten vierteln.

3. Lauch, Möhren und Sellerie im Öl bei mittlerer Hitze zugedeckt 5 Minuten anbraten. Dann Knoblauch und Oregano kurz mitbraten, Tomaten zugeben, mit Salz und Pfeffer würzen und 30–40 Minuten offen kochen lassen, bis das Gemüse weich und die Sauce dick ist.

Zutaten für 4 Personen

1 große Stange Lauch
400 g Möhren
400 g Knollensellerie
2 Knoblauchzehen
500 g Kirschtomaten
4 EL Olivenöl
1 EL getrockneter Oregano
Salz, schwarzer Pfeffer
250 g Mozzarella
350 g Butterkäse
Öl für die Form und zum Beträufeln
200 g Lasagneblätter (vorgegart und getrocknet, so sind fast alle im Handel)

Zubereitungszeit:
1 Stunde 30 Minuten

4. Inzwischen Mozzarella und Butterkäse in Streifen schneiden und miteinander vermischen. Den Ofen auf 200 Grad vorheizen (Umluft 180 Grad).

5. In eine geölte Auflaufform eine dünne Schicht Käse legen, mit Lasagneplatten bedecken und eine Schicht Suppengrün-Sugo darüber verteilen. Darauf wieder Käse, Nudeln und erneut Sugo. So weitermachen, bis alles verbraucht ist – die letzte Schicht besteht aus Käse, der mit etwas Öl beträufelt wird.

6. Die Suppengrün-Lasagne etwa 45 Minuten im heißen Ofen auf der mittleren Schiene garen, bis die Nudeln bissfest sind und der Käse leicht gebräunt ist. Anschließend die Lasagne 5 Minuten ruhen lassen und servieren.

Stampf mit Sauce

Schön und frisch muss das Suppengrün sein, aus dem hier ein würzig gedünsteter Stampf entsteht. Dazu gibt es eine Zwiebel-Rotwein-Sauce.

Zutaten für 4 Personen

- 3–4 Suppengrün (1 kg)
- 4 Zwiebeln
- 1 Bund glatte Petersilie
- 2 Lorbeerblätter
- 80 g kalte Butter
- Salz, weißer Pfeffer
- 500 ml Gemüsebrühe
- 1 TL Zucker
- 250 ml Rotwein
- 1 TL Zitronensaft

Zubereitungszeit:
30 Minuten

1. Die Suppengrün waschen und schälen bzw. putzen. In 1–2 Zentimeter große Würfel schneiden. Die Zwiebeln abziehen. 1 Zwiebel würfeln, die 3 übrigen vierteln und in feine Streifen schneiden. Petersilie waschen, trockenschütteln und die Blättchen zupfen.

2. Gemüse- und Zwiebelwürfel und 1 eingerissenes Lorbeerblatt in der Hälfte der Butter bei mittlerer Hitze andünsten, mit Salz und Pfeffer würzen und 400 Milliliter Brühe angießen. Das Gemüse in etwa 10 Minuten bissfest dünsten, dann die Lorbeerblätter entfernen.

3. Inzwischen die Zwiebelstreifen mit dem Zucker in 2 Esslöffel Butter zugedeckt 5 Minuten dünsten. Mit Wein und der übrigen Brühe auffüllen, übrigen Lorbeer dazugeben und alles bei starker Hitze auf etwa ¼ Liter einkochen.

4. Gegartes Gemüse grob stampfen und mit Zitronensaft und Petersilie mischen, abschmecken.

5. Lorbeer aus dem Zwiebelsud fischen, auf mittlere Hitze zurückschalten und nach und nach die übrige Butter in Stückchen in die Sauce rühren, bis sie schön bindet. Nicht kochen! Zum Stampf servieren.

Jetzt noch was!

Dieses Gericht ist offen für Vieles: Alle Arten von Rüben und Knollen können hier mitgegart und gestampft werden. Und die Zwiebelsauce passt zu vielen würzigen Gemüse- und Kartoffelgerichten.

Gemüse für *immer*

... DIE LEIB UND SEELE WÄRMEN »»

Tomaten im Glas ...

Mit nichts lässt sich der Sommer besser einfangen als mit sonnenreifen Tomaten. Hier drei Ideen, die einem fürs ganze Jahr Leib und Seele wärmen.

Frische Pelati-Tomaten

VEGAN

Zutaten für 2,5 Liter

3 Kilogramm reife aromatische Eiertomaten waschen und von den Stängelansätzen befreien. 1 Kilogramm Tomaten in Würfel schneiden, ebenso 1 abgezogene weiße Zwiebel. Tomaten- und Zwiebelwürfel mit dem Saft von je 1 Orange und Zitrone in einem Topf vermischen, dazu kommen 1 Lorbeerblatt, 5 Stängel frischer Oregano (oder 1 Teelöffel getrockneter), 5 Pfefferkörner und 1 Teelöffel Salz. Das Ganze aufkochen und 20 Minuten unter Rühren bei kleiner Hitze kochen lassen.

Inzwischen die übrigen Tomaten kreuzweise einritzen, 10 Sekunden in kochendes und daran anschließend in eiskaltes Wasser tauchen. Die Haut abziehen. Die Tomaten halbieren, die Kerne mit einem Teelöffel herauslösen und in die Sauce streichen.

Die Tomatenhälften in heiß ausgespülte und trockengewischte Schraubgläser verteilen, die mindestens 500 Milliliter fassen, und jeweils 1 Stängel Basilikum hineinstecken.

Die Sauce durch ein Sieb streichen, abschmecken und über die Tomaten gießen, sodass diese bedeckt sind. Die Gläser zuschrauben. Jedes Glas mit dem Boden in die Handfläche stoßen, damit sich alles setzt.

In einen großen Topf ein Handtuch legen, Gläser daraufstellen und so viel Wasser in den Topf geben, dass sie zu drei Viertel darin stehen. Das Wasser langsam aufkochen und zugedeckt 30 Minuten bei kleiner Hitze sieden lassen. Topf von der Kochstelle nehmen und die Gläser darin im Wasser abkühlen lassen. Die so eingekochten Pelati halten mehrer Monate im Keller.

Tomatenketchup

VEGAN

2 weiße Zwiebeln und 1 Knoblauchzehe abziehen und würfeln. 1 rote Paprikaschote waschen, halbieren und entkernen, das Fruchtfleisch in Würfel schneiden. 500 Gramm Fleischtomaten waschen, vom Stielansatz befreien und in Würfel schneiden.

Die Zwiebeln in 1 Esslöffel Olivenöl zugedeckt bei mittlerer Hitze in 5 Minuten weich dünsten, Knoblauch und Paprika kurz offen mitdünsten.

Dann die Tomaten, 2 Esslöffel Sojasauce, 2 Pimentkörner, 1 Lorbeerblatt und 1 Teelöffel Salz zugeben und alles bei kleiner Hitze zugedeckt 1 Stunde köcheln lassen, dabei ab und zu rühren.

Anschließend den Ketchup durch ein feines Sieb streichen, mit 4 Esslöffel Rotweinessig und 3 Esslöffel braunem Zucker verrühren und in 30 Minuten dicklich einkochen lassen.

Den Ketchup heiß in sauber ausgespülte und trockene Schraubflaschen füllen und gleich fest zuschrauben. Umgedreht abkühlen lassen. Er hält im Kühlschrank mehrere Wochen, eingekocht wie die Pelati links Monate.
Das Foto zum Rezept finden Sie auf Seite 176.

Grüne-Tomaten-Konfitüre

VEGAN

750 Gramm möglichst grüne feste Tomaten waschen und an der Unterseite kreuzweise einritzen. Die Früchte 10 Sekunden in kochendes Wasser tauchen, dann in eiskaltes Wasser legen. Nun von den Tomaten die Haut abziehen, den Stängelansatz herausschneiden und die Früchte vierteln.

2 Bio-Zitronen heiß abwaschen, abtrocknen und die Schale dünn abreiben. Von einer Zitrone den Saft auspressen. Zitronenschale und -saft mit den Tomatenstücken und 400 Gramm Zucker in einem großen Topf vermischen, 1 Stunde stehen lassen.

Dann die Tomatenmischung bei mittlerer Hitze zum Kochen bringen. Alles 5–10 Minuten (je nach Festigkeit der Tomaten) unter Rühren kochen lassen, bis es zu einer musigen Konfitüre verkocht ist. Zum Test einen halben Teelöffel davon auf einen Teller geben und anblasen, damit er schnell abkühlt. Wird die Tomatenmasse dabei geleeartig, ist die Konfitüre fertig, sie ansonsten noch kurz weiterkochen.

Die Grüne-Tomaten-Konfitüre in heiß ausgespülte und trockengewischte Gläser füllen. Schmeckt gut zu gegrilltem Gemüse, würzigem Käse oder auf geröstetem Brot.

Kräftig fruchtig schmeckt der Tomatenketchup mit der roten Paprika darin, angenehm würzig machen ihn Sojasauce, Piment und Lorbeer.

Gold in Flaschen

Kirschtomaten-Kompott

VEGAN

Gehäutete Kirschtomaten werden mit Mandeln gefüllt und kochen in einem süßen Sirup mit mediterranen Aromen. Wunderbar zu Käse, Geräuchertem oder im Salat.

1. Die Tomaten waschen, putzen, am Stielansatz kreuzweise einschneiden. Tomaten 10 Sekunden in kochendes Wasser tauchen und dann in eiskaltes Wasser legen. Die Haut abziehen. 250 Milliliter Wasser mit dem Zitronensaft mischen und die Tomaten darin 15 Minuten ziehen lassen – das macht sie fester.

2. Die Tomatenkerne vorsichtig herausdrücken. Tomaten nochmals 30 Minuten im Zitronenwasser ziehen lassen. Inzwischen 500 Milliliter Wasser mit Lorbeer, Rosmarin, Anis, Nelken, Pfefferkörnern und Zucker 10 Minuten kräftig kochen lassen.

3. Die Tomaten aus dem Zitronenwasser heben und in jede 1 Mandel stecken. Gefüllte Tomaten in den kochenden Gewürzsirup legen und 4–5 Minuten darin bei kleiner Hitze sanft sieden lassen. Vom Herd ziehen und abkühlen lassen.

Zutaten für etwa 1,2 kg

750 g feste Kirschtomaten
Saft von 1 Zitrone
1 Lorbeerblatt
1 Zweig Rosmarin
½ TL Anissamen
4 Gewürznelken
10 schwarze Pfefferkörner
400 g Zucker
etwa 100 g Mandelkerne
Schraubgläser zum Einmachen

Zubereitungszeit:
1 Stunde 30 Minuten

4. Die Tomaten aus dem Sirup heben und diesen noch etwas einkochen, bis er dickflüssig wird. Tomaten wieder zugeben, einmal aufkochen und noch heiß in saubere Schraubgläser füllen und diese sofort verschließen. Abkühlen lassen. Hält mehrere Monate.

JETZT NOCH WAS!

Ein Rezept aus Griechenland, wo sich oft Zucker in pikanten Gerichten findet. Auch Oregano und Bohnenkraut können dazu. Mutige kochen ¼ Knoblauchzehe im Sirup mit – mag aber nicht jeder.

LIEBLINGSREZEPT

Muskatkürbis in Weißwein

VEGAN

Mal mediterran statt süßsauer: »La zucca« wird in Schnitzen in Olivenöl gebraten, mit Kräutern in Gläser geschichtet und mit einem Essig-Wein-Sud übergossen.

Zutaten für etwa 1,5 kg

2 kg Muskatkürbis
5 Zweige Rosmarin
1 kleines Bund Thymian
100 ml Olivenöl
Meersalz
100 g Mehl
1 Knoblauchzehe
2 Gewürznelken
10 weiße Pfefferkörner
350 ml Weißweinessig
100 ml trockener Weißwein (z. B. Soave)
Schraubgläser zum Einmachen

Zubereitungszeit: 45 Minuten

1. Den Kürbis zerteilen, dann von den Kernen und der Schale befreien. Das Kürbisfleisch in Spalten und diese quer in gut 1 Zentimeter dicke Schnitze teilen. Kräuter waschen und trockenschütteln. Nadeln und Blättchen von den Stielen streifen.

2. Die Hälfte des Öls in einer großen Pfanne erhitzen. Die Hälfte der Kürbisschnitze salzen, portionsweise im Mehl wenden und im heißen Fett auf jeder Seite in 1–2 Minuten knusprig und bissfest braten.

3. Kürbis aus der Pfanne nehmen und auf ein Blech legen. Öl abgießen und übrigen Kürbis im restlichen Öl ebenso braten. Die Kürbisschnitze abwechselnd mit den Kräutern in heiß ausgespülte und wieder trockengewischte Schraubgläser schichten.

4. Knoblauch abziehen und würfeln. Samt Nelken, Pfefferkörnern, 1 Teelöffel Salz, Essig und Wein in ½ Liter Wasser 5 Minuten kochen lassen. Diesen Gewürzsud dann sofort über den Kürbis gießen, sodass er bedeckt ist.

5. Die Gläser fest verschrauben und auf den Deckel stellen, bis alles völlig abgekühlt ist. Auf diese Weise kann der Kürbis schon am nächsten Tag als Antipasto genossen werden. Geöffnet bleibt er im Kühlschrank 1–2 Wochen frisch, ungeöffnet bis 1 Monat, eingekocht wie bei den Pelati-Tomaten auf Seite 174 mehrere Monate.

KLASSIKER

VEGAN

Möhren à la grecque

Französisch oder griechisch? Auf jeden Fall klassisch: Stücke von jungen Möhren garen und marinieren in einem würzigen Sud aus Wein, Zitrone und Olivenöl.

1. Die Möhren putzen, schälen, der Länge nach vierteln und in 5–6 Zentimeter lange Stücke schneiden. Die Schalotten und den Knoblauch abziehen und in dünne Ringe bzw. Scheiben schneiden.

2. Die Zitronen heiß waschen und abtrocknen, von ½ Zitrone die Schale dünn ohne das Weiße abschälen. Den Saft beider Zitronen auspressen und mit Zitronenschale, Schalotten, Knoblauch, Weißwein, 5 Esslöffel Olivenöl, Wacholder, Fenchel, Koriander und Salz aufkochen.

3. Die Möhren in den Sud geben, in 10–15 Minuten bissfest kochen und abkühlen lassen. Dann samt Sud in heiß ausgespülte und gut trockengewischte Gläser füllen.

4. Petersilie waschen und trockenschütteln, die Blätter zupfen und hacken. Dann samt dem übrigen Öl zu den Möhren geben und diese gut verschlossen über Nacht im Kühlschrank durchziehen lassen. Sie bleiben dort 1–2 Wochen frisch. Werden sie wie die Pelati-Tomaten auf Seite 174 eingekocht, halten sie mehrere Monate.

Zutaten für etwa 1 kg

600 g möglichst junge Möhren
2 Schalotten
2 Knoblauchzehen
2 Bio-Zitronen
¼ l trockener Weißwein
200 ml Olivenöl
3 Wacholderbeeren
2 TL Fenchelsamen
2 TL Koriandersamen
1 TL Salz
1 Bund glatte Petersilie
Schraubgläser zum Einmachen

Zubereitungszeit:
45 Minuten

JETZT NOCH WAS!

»À la grecque« steht in der französischen Küche für Eingelegtes nach griechischer Art – mit Zitrone, Olivenöl, Gewürzen und Kräutern. Auch andere Rüben, Pilze oder Lauch lassen sich so marinieren.

VEGAN

Japanische Sojarüben

Purer Genuss: Rettich, Rüben und Möhren werden in einem mild mit Sojasauce aromatisierten Sud gegart und mit ihrem Grün schichtweise mariniert.

1. Rettich und Rüben putzen, das Grün gründlich waschen, Stiele und Blätter trennen. Die Stiele in Stücke schneiden. Rettich und Rüben schälen, in gut 1 Zentimeter dicke Scheiben schneiden. Möhren putzen und schälen, dann ebenso in gut 1 Zentimeter dicke Scheiben schneiden.

2. Brühe, Sojasauce und Mirin miteinander aufkochen. Darin nacheinander die Mairüben, den Rettich und schließlich die Möhren jeweils für sich in 5–6 Minuten bissfest kochen. Herausnehmen und etwas abkühlen lassen.

3. Zum Schluss die Blattstiele in 1–2 Minuten im Sud bissfest kochen, mit einem Sieblöffel aus dem Sud heben und in kaltem Wasser abschrecken, die Blätter einmal aufwallen lassen und ebenso kalt abschrecken. Dann beides gut abtropfen lassen.

Zutaten für etwa 2,5 kg

- 250 g Rettich samt Grün
- 250 g Mairüben samt Grün
- 250 g Möhren
- 1 ½ l Gemüsebrühe
- 150 ml Sojasauce
- 200 ml Mirin (japanischer süßer Reiswein zum Kochen aus dem Asialaden, ersatzweise geht auch milder Sherry)
- Schraubgläser zum Einmachen

Zubereitungszeit: 45 Minuten

4. Rüben-, Rettich- und Möhrenscheiben abwechselnd mit den Blättern und Stielen in heiß ausgespülte Gläser schichten. Den Sud aufkochen, darübergießen. Gläser gut verschrauben und über Nacht alles durchziehen lassen. Bleibt im Kühlschrank 1 Woche frisch. Für Haltbarkeit über mehrere Monate werden die Sojarüben wie die Pelati-Tomaten auf Seite 174 eingekocht. Serviert wird das Gemüse mit einem Zitronenschnitz zum Beträufeln.

Jetzt noch was!

Im Original wird statt Gemüsebrühe die japanische Grundbrühe Dashi aus Algen und getrocknetem Fisch verwendet – mit Glück kann man im Bioladen auch eine vegane Version davon bekommen, wenn man's authentisch, aber ohne Fisch will.

Auberginen wie in Kampanien

VEGAN

Die Gemüse werden in feine Streifen geschnitten, eingesalzen und dann in Essig gekocht. Nun presst man sie in ein Glas, am Ende kommt Knoblauch dazu.

Zutaten für etwa 1 kg

1 kg Auberginen
2 EL Meersalz
½ l Weißweinessig
1 EL Zucker
1 rote Chilischote
5 Stängel frischer Oregano
70 ml Olivenöl
2 Knoblauchzehen
Schraubgläser zum Einmachen

Zubereitungszeit:
1 Stunde 15 Minuten

1. Die Auberginen waschen, putzen und der Länge nach in dünne Scheiben schneiden, am besten geht das mit einer Aufschnittmaschine. Die Scheiben quer in dünne Streifen schneiden und in einem Sieb mit dem Salz vermischen. 30 Minuten abtropfen lassen.

2. Den Essig mit dem Zucker aufkochen und darin die Auberginen 5 Minuten kochen lassen. In ein Sieb schütten und den Sud auffangen, eventuell wird später davon noch etwas gebraucht.

3. Chilischote waschen und putzen, der Länge nach halbieren und je nach gewünschter Schärfe Kerne herausstreichen (dann wird es milder). Hälften quer in feine Streifen schneiden. Oregano waschen und trockenschütteln, die Blättchen von den Stängeln streifen.

4. Abgetropfte Auberginen in einer Schüssel mit Chili, Oregano und Olivenöl vermischen und auf heiß ausgespülte und gut trockengewischte Gläser verteilen, sodass diese 1 Zentimeter unter den Rand gefüllt sind. Auberginen im Glas etwas pressen, sodass der Saft austritt und sie bedeckt. Reicht das nicht, etwas Sud zugeben.

5. Knoblauch abziehen und je nach Menge der Gläser in Stücke schneiden und diese auf die Gläser verteilen. Die Gläser zuschrauben und die Auberginen 2–3 Wochen durchziehen lassen, dann schmecken sie erst richtig gut. Ungeöffnet halten sie 2–3 Monate im Keller.

VEGAN

Pilze in Öl

Verschiedene Zuchtpilze werden kurz in Essigsud gekocht und anschließend mit Dill und Kapern geschichtet, bevor ein Lorbeerblatt das Rezept vollendet.

1. Die Pilze gründlich putzen und wenn nötig die Stiele entfernen (auf jeden Fall bei den Shiitakes). Kappen mit Küchenpapier abwischen, aber nicht waschen. Größere Pilze mundgerecht halbieren oder vierteln. Die Schalotten abziehen und in Ringe schneiden. Den Dill waschen und trockenschütteln, die feinen Spitzen von den Stängeln zupfen.

Zutaten für etwa 1 kg

1 kg frische Pilze nach Wunsch (z. B. Champignons, Austernpilze, Shiitakes sowie saubere Steinpilze oder Pfifferlinge)

4 Schalotten

1 Bund Dill

¼ l Estragonessig

1 TL Salz

1 EL Kapern

1 TL Senfsamen

gut 500 ml Olivenöl zum Auffüllen

2 kleine Lorbeerblätter

2 je 500 ml fassende Schraubgläser

Zubereitungszeit:
45 Minuten

2. Den Essig mit den Dillstängeln, Schalotten und dem Salz aufkochen und die Pilze darin 5 Minuten kochen lassen, zum Schluss die Kapern einmal mit aufkochen. Dann alles in ein Sieb gießen und abtropfen lassen. Den Sud weggießen und die Dillstängel wegwerfen.

3. Die Pilze und Schalotten abwechselnd mit Dillspitzen und Senfsamen in die beiden Gläser füllen und so viel Olivenöl langsam zugießen, bis sie bedeckt sind. Je 1 Lorbeerblatt auflegen, die Gläser verschließen und die Pilze mindestens 1 Woche durchziehen lassen. Hält verschlossen im kühlen Keller 2–3 Monate.

Jetzt noch was!

Dill und Pilze passen erstaunlich gut zusammen. Denken Sie auch mal daran, wenn Sie eine Pilzpfanne oder ein Ragout machen – ein paar Dillspitzen bringen da Frische ins erdige Aroma.

VEGAN

Mais-Relish

Frische Maiskörner, Paprika, Zwiebeln und Äpfel werden mit grünem Pfeffer und Kreuzkümmel süßsauer verkocht und in Gläsern eingeweckt.

1. Die Maiskolben von den Hüllen und Fäden befreien, die Körner mit einem Messer gleichmäßig von den Kolben schneiden. Paprikaschote waschen und putzen, das Fruchtfleisch würfeln. Zwiebeln abziehen und würfeln. Äpfel waschen und halbieren, Kerngehäuse entfernen und die Hälften würfeln.

Zutaten für 4 Personen

- 10 frische Maiskolben
- 1 grüne Paprikaschote
- 1 rote Paprikaschote
- 2 rote Zwiebeln
- 2 säuerliche Äpfel (z. B. Topas)
- 1 EL eingelegte grüne Pfefferkörner
- 500 g brauner Zucker (am besten Rohrzucker)
- 2 EL Salz
- 1 TL Kreuzkümmelsamen
- 1 l Apfelessig
- Schraubgläser zum Einkochen

Zubereitungszeit:
1 Stunde

2. Pfefferkörner im Sieb mit kochendem Wasser übergießen. Alle vorbereiteten Zutaten mit Zucker, Salz, Kreuzkümmel und Essig in einem Topf bei kleiner Hitze zugedeckt 15–20 Minuten garen, bis das Gemüse bissfest und das Relish zähflüssig ist.

3. Das Relish abschmecken und in heiß ausgespülte und getrocknete Gläser füllen. Verschließen, in einen großen Topf stellen und so viel Wasser einfüllen, dass die Gläser zu drei Viertel darin stehen. Langsam aufkochen und 15 Minuten bei kleiner Hitze kochen lassen. Darin abkühlen lassen. Das Relish hält 3–6 Monate.

JETZT NOCH WAS!

Dieses Gericht ist ein Klassiker fürs hochsommerliche BBQ und schmeckt am besten mit frischen Maiskörnern. TK-Mais (etwa 500 Gramm) ist ein Ersatz, Dosenmais ist es nicht. Dann lieber TK-Erbsen nehmen.

VEGAN

BLITZREZEPT

Erbsen in der Flasche

» In Italien kocht man Bohnen in Chianti-Flaschen, in Deutschland Erbsen in der Riesling-Flasche. Und zwar ganz sanft mit Estragon und ein paar Lauchzwiebeln dabei. «

Zutaten für etwa 800 g

- 750 g frische gepalte Erbsen
- 2 TL Salz
- 5 Stängel Estragon
- 2 Lauchzwiebeln
- 4 EL Sonnenblumenöl
- 2 leere Weinflaschen zum Einkochen

Zubereitungszeit:
1 Stunde

1. Die Erbsen in einem Sieb kurz abspülen, in einer Schüssel mit dem Salz mischen und 30 Minuten beiseite stellen.

2. Den Estragon waschen und trockenschütteln, die Blätter zupfen und grob hacken. Lauchzwiebeln waschen, putzen und halbieren, dann in feine Ringe schneiden.

3. Erbsen mit Estragon und Lauchzwiebeln mischen, in die heiß ausgespülten Weinflaschen füllen, Öl zugießen und verkorken. In einen passenden hohen Topf ein gefaltetes Küchentuch legen, die Flaschen hineinstellen und den Topf zu drei Viertel mit Wasser füllen.

4. Das Wasser langsam aufkochen, dann die Erbsen in den Flaschen 5 Minuten garen und anschließend völlig abkühlen lassen. Anschließend die Korken wieder hineindrücken, falls sie sich etwas herausgeschoben haben.

5. Die Korken mit einer Schnur festbinden und die Flaschen im Fach in der Kühlschranktür aufbewahren. Die Erbsen bleiben mehrere Wochen lang frisch.

Rotes Zwiebelconfit

Eine pikante Konfitüre zu Käse oder Grillgemüse, bei der die Zwiebelstreifen ganz langsam mit Zucker und Aromen weich gekocht werden.

1. Die Zwiebeln abziehen, achteln und die Spalten quer in 1 Zentimeter breite Streifen schneiden. Den Thymian waschen. Zwiebeln und Thymian mit allen übrigen Zutaten in einen nicht zu großen Topf geben und alles gut verrühren.

2. Die Zwiebeln zugedeckt bei kleinster Hitze 15 Minuten schmoren lassen, bis sie zusammenfallen. Nun den Deckel abnehmen und das Confit noch weitere 45–60 Minuten bei leicht erhöhter Hitze schmoren lassen, bis die Zwiebeln weich und vollgesogen sind.

Zutaten für etwa 500 g

500 g rote Zwiebeln
4 Zweige Thymian
1 Lorbeerblatt
4 Wacholderbeeren
1 EL Zucker
2 kräftige Prisen schwarzer Pfeffer
1 Prise Salz
2 EL Rotweinessig
100 ml Olivenöl
50 g Butter

Zubereitungszeit:
1 Stunde 15 Minuten

3. Das fertige Zwiebelconfit heiß in saubere Schraubgläser füllen und diese sofort verschließen. Abkühlen lassen. Es hält im Kühlschrank 3–4 Wochen.

Wir mögen rote Zwiebeln wegen ihres frischen und fruchtigen Geschmacks. Da sie nicht getrocknet sind, lagern Sie sie am besten im Gemüsefach des Kühlschranks.

DIE WAGNERS RATEN

VEGAN

Baked Beans

» Im eigenen Topf gekocht, schlagen sie die Dosenware auf jeden Fall: Eingeweichte Bohnenkerne schmoren in Tomatensauce, statt Fleisch kommt Wurzelgemüse mit rein. «

Zutaten für 4–6 Personen

500 g getrocknete weiße Bohnenkerne
4 Tomaten
50 g Zuckerrübensirup
100 g brauner Rohrzucker
1 EL scharfer Senf
1 Zwiebel
2 Gewürznelken
1 Lorbeerblatt
2 Möhren
1 Stück Sellerie
Salz, Cayennepfeffer

Zubereitungszeit:
3–4 Stunden +
1 Nacht Einweichzeit

1. Die Bohnenkerne über Nacht in reichlich kaltem Wasser einweichen. Am nächsten Tag das Wasser abgießen und die Bohnen in einem Topf knapp mit frischem kaltem Wasser bedecken, aufkochen und 30 Minuten bei kleiner Hitze kochen lassen.

2. Den Backofen auf 175 Grad vorheizen (Umluft 150 Grad). Die Tomaten waschen und vierteln. Zuckerrübensirup, 50 Gramm Zucker und den Senf mit den Tomaten verrühren. Die Zwiebel abziehen und die Nelken und das Lorbeerblatt »daraufpinnen« – der Profi nennt das dann »gespickte Zwiebel«. Möhren und Sellerie schälen.

3. In einen schweren ofenfesten Topf, zu dem ein fest schließender Deckel gehört, die Bohnen samt Kochwasser füllen und mit der Sirupmischung verrühren. Die Zwiebel, die Möhren und den Sellerie hineindrücken. Deckel drauf und das Ganze für 2–3 Stunden in den Ofen (Mitte) stellen.

4. Die Bohnen sollten dann weich und suppig sein, ansonsten ein wenig Wasser dazugießen. Mit Salz und Cayennepfeffer abschmecken, den restlichen Zucker auf die Bohnen streuen und diese noch 30–45 Minuten ohne Deckel garen.

5. Dann die gespickte Zwiebel entfernen, Möhren und Sellerie in Scheiben schneiden und mit den Bohnen servieren. Dazu schmecken Spiegeleier und dunkles Brot.

KLASSIKER

Piccalilly

VEGAN

Für das englische Senfgemüse kann genommen werden, was Saison hat – hier ist es der Sommer. Alles wird eingesalzen, dann in Senfsud gekocht und eingemacht.

1. Alle Gemüse waschen und putzen. Den Blumenkohl in kleine Röschen teilen, das übrige Gemüse schneiden: Zucchini schräg in 1 Zentimeter dicke Scheiben, Staudensellerie in dünne Scheiben, Lauchzwiebeln und Bohnen in 3–4 Zentimeter lange Stücke.

2. Die Gemüse abwechselnd mit dem Salz in einen großen Topf schichten. Mit einem in den Topf passenden Teller mit einer großen Konservendose darauf beschweren und 24 Stunden durchziehen lassen.

3. Die Gemüse im Sieb abspülen. Gewürze und Zucker mit dem Essig verrühren und mit dem Gemüse zum Kochen bringen. Nach 15–20 Minuten ist das Gemüse gar. Dies mit einem Schaumlöffel herausheben und in heiß ausgespülte Gläser füllen.

4. Gewürzsud nochmals aufkochen und in die Gläser gießen, sodass das Gemüse bedeckt ist. Das Piccalilly mindestens 1 Woche durchziehen lassen. Hält 2–3 Monate.

Zutaten für etwa 1,5 kg

- 1 kleiner Blumenkohl (700 g)
- 1 Zucchini (200 g)
- 2 Stangen Staudensellerie (150–200 g)
- 4 Lauchzwiebeln
- 200 g grüne Bohnen
- 150 g Salz
- 1 TL gemahlene Kurkuma
- 2 TL gemahlener Ingwer
- 1 TL Senfpulver
- 100 g Zucker
- ½ l Essig
- Schraubgläser zum Einmachen

Zubereitungszeit:
1 Stunde + 1 Tag Durchziehen

JETZT NOCH WAS!

Wie beim Currypulver haben die Briten auch hier die eigene Version eines indischen Klassikers geschaffen: »Mixed pickles« mit Senfpulver (das man im Feinkostladen oder übers Internet bekommt).

... SO VIELSEITIG ›››

Gurken im Glas ...

Weil sie DAS Einmachgemüse schlechthin sind, hier und auf der nächsten Seite vier Rezepte zum Finale, die zeigen, wie vielseitig Gemüse ist, ob pur oder ob dazu.

VEGAN

Gurken mit Shiitakes in Ingweröl

Mixed Pickles auf chinesisch: Gurkenviertel werden gesalzen und mit eingeweichten Trockenpilzen in scharfem Würzöl gedünstet, bevor sie in Gläser kommen. Dazu 10 getrocknete Shiitakes in einer großen Schüssel mit lauwarmem Wasser gut bedecken. 1 Stunde quellen lassen. 700 Gramm Gartengurken (die kleineren, knubbeligen) schälen, längs vierteln und quer halbieren. In einem Sieb mit 3 Esslöffel Meersalz vermischen und 1 Stunde abtropfen lassen. Dann mit kaltem Wasser abspülen und trockentupfen. Die Pilze ggf. von Stielen befreien, im Sieb abspülen und in feine Scheiben schneiden.

3 kleine grüne Chilischoten waschen, putzen und je nach gewünschter Schärfe die Kerne entfernen (ohne wird es milder). Quer in Streifen schneiden. 1 Stück Ingwer (3 Zentimeter) schälen und fein reiben, mit 2 Esslöffel Zucker, 3 Esslöffel dunklem Reisessig (aus dem Asialaden, ersatzweise dunkler Balsamicoessig) und 1 Esslöffel Sojasauce verrühren.

Einen Wok oder Topf auf mittlere Hitze bringen und 100 Milliliter Pflanzenöl darin heiß werden lassen. 1 Teelöffel rosa Pfefferkörner und Chili darin braten, bis sie beginnen, sich dunkel zu verfärben. Nun gleich die Ingwermischung und die Pilze einrühren (Vorsicht, kann spritzen), dann die Gurken dazugeben und alles unter stetem Rühren 2 Minuten offen garen.

Die Gurkenmischung in heiß ausgespülte und gut trockengewischte Gläser füllen und abkühlen lassen. Nun gut verschließen und mindestens 2 Tage durchziehen lassen. Bleibt gekühlt 1–2 Wochen frisch.

Das Foto zum Rezept finden Sie auf Seite 198.

Senfgurken

VEGAN

1 Kilogramm möglichst gelbe Schmorgurken (ersatzweise kann man auch Garten- oder Salatgurken nehmen) waschen, schälen und der Länge nach halbieren, dann mit einem Teelöffel die Kerne herausstreichen. Die Gurken nochmals der Länge nach halbieren. Dann in gut fingerdicke Stücke schneiden.

1 große Zwiebel abziehen und in Würfel schneiden. Gurken und Zwiebel in einer Schüssel – am besten Steingut mit Deckel, sonst Porzellan oder

Glas – mit 3 Esslöffel Salz vermischen und über Nacht durchziehen lassen. Dann in einem Sieb mit kaltem Wasser abspülen.

Nun 1 Esslöffel gelbe Senfkörner, 1 Teelöffel Koriandersamen, 2 halbierte Lorbeerblätter und 250 Gramm braunen Zucker in ¼ Liter gutem Kräuteressig aufkochen, siedend über die Gurken gießen und umrühren. Abkühlen lassen und über Nacht zugedeckt stehen lassen.

Am nächsten Tag den Sud nochmals abgießen, aufkochen und wieder heiß über die Senfgurken gießen und dies am folgenden Tag noch einmal wiederholen. Nun die Schüssel gut abdecken und die Gurken mindestens 1 Woche ziehen lassen – sie halten mehrere Wochen.

Wem das Ab- und Aufgießen über Tage hinweg zu mühsam ist, der kann die Gurken auch gleich 5 Minuten im Sud kochen und zum Durchziehen wegstellen. Ohne Durchkochen ist aber ihr Aroma intensiver.

Dreimal scharfe Gürkchen VEGAN

1 Kilogramm möglichst kleine Einmachgurken (wie für Gewürzgurken) gründlich waschen und mit 4 Esslöffel Salz vermischt 1 Stunde in einem Sieb stehen lassen. Dann mit kaltem Wasser abspülen und abtropfen lassen.

4 grüne Chilischoten waschen und putzen, halbieren und je nach gewünschter Schärfe mit oder ohne (ist milder) Kerne quer in Streifen schneiden. 50 Gramm frischen Meerrettich schälen und in dünne Scheiben schneiden. 1 Bund Kapuziner- oder Bachkresse (ersatzweise Rucola) und 1 Bund Estragon (ersatzweise Dill) waschen und trockenschütteln, die Blätter zupfen und passend zu den Gurken teilen. 10 Pfefferkörner leicht zerdrücken.

Die Gurken mit Chili, Meerrettich, Kresse und Pfeffer in heiß ausgespülte und gut trockengewischte Gläser schichten. 750 Milliliter Weißweinessig mit 250 Milliliter Wasser und 50 Gramm Zucker aufkochen und siedend über die Gurken gießen. Gleich verschließen und abkühlen lassen. Mindestens 1 Woche durchziehen lassen, sie bleiben 1–2 Monate haltbar, wobei sie immer schärfer werden.

Gurken mögen's scharf – hier sorgen rosa Pfeffer und grüne Chilischoten dafür.

Grünes Gartenglück

VEGAN

Gurken-Relish

» Zum Schluss was Buntes in allen vier Geschmacksrichtungen: Gurken (die guten sind etwas bitter) werden eingesalzen und in Essig, Zucker und Pfeffer eingekocht. «

1. Die Gurken schälen, der Länge nach halbieren und die Kerne mit einem Teelöffel herausstreichen. Die Hälften quer in fingerdicke Stücke schneiden. Mit dem Salz vermischt über Nacht ziehen lassen.

2. Am nächsten Tag die Gurken in einem Sieb abtropfen lassen und den Saft auffangen, die Gurken dann kalt abspülen. Äpfel schälen, Zwiebeln und Knoblauch abziehen, die Paprikaschoten waschen und putzen. Dann alles in Würfel schneiden. Dill waschen und trockenschütteln, die Spitzen abzupfen.

3. Gurken mit Äpfeln, Zwiebeln, Knoblauch, Paprika, Essig, Zucker, Pfeffer und der Hälfte des Gurkensuds aufkochen und bei kleiner Hitze 10 Minuten kochen. Dann weitere 10–15 Minuten garen, bis alles weich gekocht ist, und dabei nach und nach den übrigen Sud zugießen.

4. Nun den Dill und das Öl ins Relish rühren, das Ganze in heiß ausgespülte und gut trockengewischte Gläser füllen und diese verschließen. Auskühlen lassen und im Keller aufbewahren – das Gurken-Relish hält ungeöffnet 1–2 Monate.

Zutaten für etwa 2 kg

1,5 kg Salatgurken
2 EL Salz
2 feste säuerliche Äpfel (z. B. Granny Smith)
3 rote Zwiebeln
4 Knoblauchzehen
2 gelbe Paprikaschoten
1 Bund Dill
½ l Apfelessig
200 g brauner Zucker
1 TL zerdrückte schwarze Pfefferkörner
100 ml Olivenöl
Schraubgläser zum Einmachen

Zubereitungszeit:
1 Stunde + 1 Tag Durchziehen

SPEISE

KAMMER

Und jetzt: All die wichtigen Gemüse, die wir bei uns kriegen können. In 48 Porträts auf einen Blick. Von Aubergine bis Zwiebel, von Paksoi bis Pastinake. Wann sie am besten sind und wie ich das erkenne. Was beim Lagern, Putzen, Garen zählt und auf welche Art zubereitet die Gemüse am besten schmecken. Und wo ich die passenden Rezepte dazu im Buch finde.

SPEISEKAMMER

Auberginen

» Unter violett schillernder Schale liegt das helle Fruchtfleisch, das erst beim Garen seinen vollen Geschmack zeigt. «

Die Aubergine, wie wir sie kennen – faustdick, handlang und mit schwarzviolett glänzender Schale – hat was von Tofu: Roh und pur gekostet, gibt sie sich eher neutral, um es freundlich zu sagen. Bekommt sie aber Hitze und Aromen von außen dazu, verinnerlicht sie diese im Nu und hebt alles auf ein neues Geschmacksniveau. Wie im Ratatouille, in einer Mezze (orientalische Vorspeise) oder einem Curry. Womit wir auch schon bei den drei wesentlichen Wirkungskreisen der Aubergine sind – dem Mittelmeerraum, dem Orient und Asien.

So sind sie Die vertrauteste Form haben wir bereits oben beschrieben, sie findet man auch mit weißen »Tigerstreifen« auf der etwas helleren Schale und sogar ganz in weiß – daher der deutsche Name »Eierfrucht«. Öfter sieht man jetzt auch mindestens faustgroße runde Früchte im Gemüseladen, die eine zarte Konsistenz haben. Vor allem in Asialäden gibt es kleine Sorten – länglich und daumendick oder von Form und Größe eines Tischtennisballs. Sie sind oft saftiger und haben mehr Biss, dann schmecken sie auch roh und geben Gerichten eine eigene Note.

Dann sind sie gut Die Schale der Aubergine sollte makellos sein, also glatt und matt glänzend, ohne dunkle Flecken, Dellen oder gar Risse, da ihr helles Fleisch sich an der Luft verfärbt. Das gibt auf Druck ein wenig nach, ist aber nicht weich und hat eine gleichmäßig helle Farbe. Die kleinen Asia-Auberginen sollten eher fest sein. Wenn Stiel und Blätter noch grün sind, spricht das für die Frische. Die wohl aus den Tropen stammenden Nachtschattengewächse schmecken als Freilandgemüse am besten, ihre eigentliche Saison ist der Sommer, wenn sie aus dem Mittelmeerraum und Nahen Osten zu uns kommen. Auberginen sind sehr empfindlich und sollten bald nach dem Kauf verarbeitet werden. Denn Kühlschrankkälte bekommt ihnen nicht, bei Zimmertemperatur verderben sie aber schnell – 2–3 Tage in dunkler Kellerkühle sind das Maximum.

So werden sie gut Gebraten, gegrillt oder gewokkt, geschmort mit kräftigen Kräutern in Sugo oder mit vielen Gewürzen in Kokosmilch, frittiert in Olivenöl oder in Folie im Ofen gebacken, um daraus einen Dip oder Püree zu machen – starke Aromen und nicht zu sanftes Garen verwandeln Auberginen in Geschmacksbomben. Probieren Sie's aus.

A

Eggplants Benedetto (Seite 30), Auberginenchips mit Basilikum-Minz-Chutney (41), Auberginen und Topinambur in Kokos (108), Provençalische Ratatouille (113), Balado Sayang (115), Nasi-Gemüse (162), Auberginen wie in Kampanien (186)

Artischocken

» Wer auf die Idee gekommen ist, dass man Distelblüten essen kann, hat sich ums Genießen verdient gemacht. «

Das Verspeisen der großen, bis zu 500 Gramm schweren gekochten Artischocken Blatt für Blatt von Hand mit sanftem Biss – ist eine der sinnlichsten Arten, sich Gemüse zu gönnen. Die kleinen, schlanken jungen Blüten werden gern im Ganzen gebraten und genossen.

Dann sind sie gut Die beste Zeit für Freiland-Artischocken ist Mai/Juni und Oktober/November. Ihre Blüten sollten gut geschlossen sein und die Blätter möglichst ohne Flecken sowie an den Spitzen nicht vertrocknet. Sie können 1–2 Tage in einem feuchten Tuch im Gemüsefach lagern.

So werden sie gut Stiel herausbrechen und die Fasern ziehen. Große Artischocken gleich in kochendes Salzwasser geben (Zitrone schützt zwar vorm Braunwerden, stört aber das Aroma) und mit Dip servieren. Kleine von harten Blättern und Spitzen befreien und langsam braten.

Junge Artischocken mit Gremolata (Seite 82), Artischocken mit Vinaigrette (84)

Austernpilze

» Putzen, schneiden, braten – aus den einst in Asien wild auf Baumstämmen wachsenden Pilzen wird leicht was Gutes. «

Austernpilze werden heute gezüchtet und sind das ganze Jahr zu haben. Waschen entfällt, zu putzen gibt es kaum etwas, und wer mag, kann sie gleich im Ganzen verwenden – z. B. als Veggie-Schnitzel, da sie an Kalbfleisch erinnern.

Dann sind sie gut Austernpilze sollten wie alle Pilze rasch nach dem Kauf verwendet werden. Einen Tag unterm feuchten Tuch im Gemüsefach aufbewahrt, halten sie sich gut frisch. Beim Kauf sollten die Pilze frisch im Anschnitt und ohne trockene Stellen sein.

So werden sie gut Kurzes Braten oder auch Grillen ist am besten für die zarten Pilze, die dann am meisten Charakter entwickeln – vor allem wenn noch kräftige Kräuter und andere Aromen dazukommen.

Tomaten, Lauchzwiebeln und Austernpilze vom Blech (100), Austernpilze mit Rosenkohlblättern (120), Pilaw mit Avocado und Austernpilzen (160)

Bohnen

Ob fein oder dick, ob grün oder gelb, ob frisch oder getrocknet – die Familie der Bohnen bereichert die Speisekarten der Welt.

Bis zur Entdeckung Amerikas kannte man bei uns nur die Sau- oder Puffbohne, alle anderen Sorten kamen über den Ozean zu uns. Heute sind Bohnenkerne nicht nur in Mittel- und Südamerika, sondern auch in Asien und Afrika ein Grundnahrungsmittel, das wegen seines wertvollen Eiweißes sowie des Gehalts an Eisen, Kalium, Kalzium und vielen B-Vitaminen freiwilligen wie unfreiwilligen Vegetariern eine gute Nährstoffkombi liefert.

So sind sie Feine Sorten sind Keniabohnen und Haricots verts sowie Prinzess- und Delikatessbohnen, die im Ganzen gegart werden. Brech- und Bobbybohnen sind die klassischen bleistiftdicken grünen Bohnen, die oft auch in Stücke geschnitten und mit anderem Gemüse gemischt werden. Besonders herzhaft schmecken breite Bohnen, mit ihren flachen, fingerdicken und bis zu 20 Zentimeter langen Hülsen – nicht zu verwechseln mit den schlanken Schlangen- oder Spargelbohnen aus dem Asialaden, die oft in den Wok kommen. Wachsbohnen sind eine gelbe Spielart von grünen Bohnen mit milderem Geschmack. Frisch als Kerne bekommen wir hierzulande vor allem die dicken Sau- oder Puffbohnen (cremeweiß), italienische Borlotti- (braun, gesprenkelt) und Canellinibohnen (hell) oder französische Flageolets (hellgrün). Sie gibt es auch alle getrocknet, ebenso wie Kidney-, Mungo- oder Sojabohnen. Letztere bekommt man im japanischen Restaurant aber auch frisch in der Hülse, gedämpft mit grobem Salz und Bier dazu als Vorspeise »Edamame«.

Dann sind sie gut Grüne Bohnen sind zart statt strohig, duften frisch, haben ein glattes Äußeres mit wenigen Flecken und keine trockenen, dunklen Enden. Sie knacken beim Durchbrechen. Die Freilandsaison beginnt hier im Frühsommer, von Juli bis September hat sie ihren Höhepunkt, für frische Bohnenkerne von Juni bis August. Sie sollten möglichst makellos sein. Grüne Bohnen halten luftdicht verpackt 2–3 Tage im Gemüsefach, frische Bohnenkerne 1–2 Tage.

So werden sie gut Feine grüne Bohnen lassen sich wunderbar in einem aromatischen Öl braten oder dünsten, gerne mit etwas Bohnenkraut, Thymian oder Estragon dabei. Dickere Sorten werden vorher blanchiert oder gleich komplett gedünstet, auch mit anderen aromatischen Gemüsen zusammen wie Tomaten, Auberginen oder Lauch. Das Gleiche gilt für frische Bohnenkerne. Da rohe Bohnen den magenverderbenden Stoff Phasin enthalten, müssen sie je nach Größe 7–15 Minuten gegart werden, bis dieser ganz verschwunden ist.

Carrot-, Banana- & Bean-Pancake (Seite 33), Zweimal Bohnen in Tomatensahne (111), Gebratene Pastinaken mit grünen Bohnen (121), Baked Beans (193), Piccalilly (195)

SPEISEKAMMER

Blumenkohl

» Mit seiner massiven weißen »Blüte« ist er ein echtes Unikat unter den Kohlgemüsen – auch was den Geschmack betrifft. «

Damit Blumenkohl hell strahlen kann, wächst er im Schutz seiner Deckblätter heran, die nach der Ernte gestutzt werden. Es gibt auch grüne und violette Arten, die beim Kochen ihre Farbe fast ganz verlieren.

Dann ist er gut Blumenkohl kommt hier von Mai bis Oktober aus dem Freiland, dann schmeckt er besser als die Treibhausware im übrigen Jahr. Sein Kopf soll fest und gut geschlossen sein, dabei hell und glatt. Er duftet dann angenehm statt »kohlig«. Die Blätter sind grün und frisch. In Folie hält er 1 Woche im Gemüsefach.

So wird er gut Wird er klassisch im Ganzen gekocht, bleibt das meiste Aroma erhalten – was manchen aber fast zu viel des Guten ist. Kurzes Vorblanchieren und dann Dünsten der Röschen kann es mildern. Eine Scheibe Weißbrot im Kochwasser bindet den Kohlgeruch.

Blumenkohlkoteletts in Kapernbutter (Seite 81), Sommereintopf mit Blumenkohl (126), Piccalilly (195)

Brokkoli

» Der grüne Verwandte des Blumenkohls bringt einen eigenen Ton ins Essen und hat nichts gegen Aromen in seiner Nähe. «

Die Blüte ist loser, der Stiel länger als bei Blumenkohl, er schmeckt etwas »grasiger«, kann auch was von Spargel oder eine nussige Note haben. Romanesco ist kompakter mit fast geometrischen Blüten, asiatischer Brokkoli besteht vor allem aus dünnen Stielen. Violetter Brokkoli wird beim Kochen grün und schmeckt nicht anders.

Dann ist er gut Die Freilandsaison von Brokkoli startet im Juli und geht bis Oktober. Die Blüten sollen gut geschlossen und schön grün, nie gelb sein, dabei fest sitzen. Der Stiel ist möglichst frei von Rissen oder Löchern und im Anschnitt nicht trocken. Brokkoli bliebt in Folie 2–3 Tage im Gemüsefach frisch.

Brokkoli-Pakora mit Kokos-Raita (Seite 36), Brokkoli mit Pfifferlingen und Thymian (124)

SPEISEKAMMER

Champignons

Unsere liebsten Pilze sind leicht zu verarbeiten, bereichern Gerichte mit ihrer Intensität und geben ihnen viel Eiweiß.

Gezüchtet gibts zwei Sorten: Den hellen Champignon und den erdfarbenen Egerling, der intensiver schmecken kann – richtig kraftvoll schmecken diese feinen Pilze nie.

Dann sind sie gut Feste, pralle und makellose Köpfe sowie ein frischer Anschnitt garantieren, dass die Pilze nicht zu alt sind. Als Zuchtpilze sind sie das ganze Jahr zu haben; doch einmal im Einkaufskorb, müssen sie rasch nach Hause und bald zubereitet werden. Sie können nur 1–2 Tage feucht abgedeckt im Gemüsefach warten.

So werden sie gut Zuchtchampignons sind auch roh eine feine Sache im Salat. Ansonsten werden sie kräftig gebraten, mit vielen Kräutern gedünstet (Dill ist toll!) oder kurz in Wein und/oder Sahne geschmort.

C

Bruschetta mit Champgions (Seite 20), Champignons in Kerbelsahne (46), Gefüllte Champignons (71), Pilze in Öl (187)

Chicorée

Die blassgelben Blätter der Zichorie geben Salaten Biss und ein wenig Bitternis, gegart schmecken sie fast noch feiner.

Die helle Farbe haben die Chicorée-Stauden, weil man sie im Dunkeln treiben lässt – das mildert auch das Bittere in ihnen. Lauwarmes Waschen tut das noch mehr; allerdings ist bei manchen Sorten inzwischen nicht einmal der Strunk mehr bitter. Roter, mit Radicchio gekreuzter Chicorée ist generell milder.

Dann ist er gut Feste und geschlossene Blattknospen mit schimmernden Außenblättern, die keine Flecken oder trockene Stellen tragen, stehen für gute Qualität. Je nach Gusto kann Chicorée gerne ein wenig bitter sein.

So wird er gut Geviertelt oder halbiert und ohne Strunk in den Salat geschnitten. Aber die Hälften können auch samt Strunk in der Pfanne gebraten oder (mit oder ohne Folie) im Ofen gebacken werden.

Chicorée mit Roquefort in der Folie (Seite 66)

Chinakohl

» Kompakt mit krausen Blättern gibt er Salaten Substanz und etwas Süße, gut schmeckt er auch im Wok oder aus dem Ofen. «

Er kommt aus der Ferne und ist auch nur entfernt mit unserem Weißkraut verwandt, weswegen er mit seiner Milde selbst bei hiesigen Kohlgegnern gut ankommen kann.

Dann ist er gut Die Außenblätter sollten fest sitzen und nicht zu lappig sein, die krausen Ränder von einem kräftigen Gelb bis Grün. Wenn das leuchtende Weiß durch kleine dunkle Flecken gestört wird, ist der Kopf zu warm gelagert worden. In Folie im Gemüsefach bleibt er mindestens 1 Woche frisch. Saison hat er immer.

So wird er gut Im Salat darf man dem Chinakohl etwas Zeit lassen, so dass er das Dressing in sich aufnehmen kann. Oder man brät ihn in fingerdicken Streifen im Wok bzw. dünstet, schmort oder bäckt ihn in Stücken samt Strunk.

Radicchio, Chinakohl und Wirsing vom Blech (Seite 101)

Erbsen

» Die Prinzessin unter den Hülsenfrüchten bezaubert frisch geerntet am meisten, aber nur für kurze Zeit. «

Am leichtesten und oft aus der Nähe bekommen wir sie im Juli und August. Für die feine Erbsenküche sind die knackig-süßlichen Markerbsen am besten, Schalerbsen kochen mehliger – gut für frische Suppen und Pürees. Einfach den Händler fragen oder probieren.

Dann sind sie gut Frische Erbsen immer in der Schote kaufen, ohne verderben sie rasch – die Erbsenschoten nur 1–2 Tage unterm feuchten Tuch im Gemüsefach lagern. Die Schoten sollten weder vertrocknet noch zerdrückt sein, die Erbsen selbst prall und grün leuchten.

So werden sie gut Dünsten bekommt Erbsen am besten, besonders wenn gute Butter oder Sahne mit dabei ist. Aber auch ein grasiges Olivenöl und ein würziges Kraut tun ihnen gut.

Erbsen in Kräutersahne (Seite 86), Frühlingsallerlei mit Grießnocken (155), Erbsen in der Flasche (190)

Fenchel

» Mit frischem Aniston und knackigem Biss verleiht er kompakten Salaten und Schmorgemüsen Charakter. «

Kochen mit Fenchel ist was für Liebhaber, denn er macht jedes Gericht zum Einzelstück. Ist er ganz frisch, können auch seine Stiele und das zarte Grün verwendet werden.

Dann ist er gut Leuchtet die nicht zu große Knolle makellos in Weiß und Hellgrün, sind außerdem die Stiele nicht angetrocknet und ist das Grün so schön frisch wie der ganze Duft, ist der Fenchel ein perfekter. So bekommt man ihn vor allem in unserer Freilandsaison von Juli bis November. Und so bleibt er auch für einige Tage, wenn wir ihn in ein feuchtes Tuch geschlagen ins Gemüsefach legen.

Fenchel-Spinat-Salat mit Joghurt (Seite 44), Kraut und Fenchel aus dem Ofen (125)

Grünkohl

» Aus dem einst weich geschmorten Traditionsgemüse ist der neue Superfood-Star geworden dank seiner guten Inhalte. «

Grünkohltopf mit Pinkel nach einer Winterwanderung mit Korn – das war gestern. Heute gilt »kale«, wie man von San Francisco bis Sydney zu ihm sagt, als supergesund und wird auch in grüne Smoothies gemixt.

Dann ist er gut Die Blätter wie Stiele sind fest und kompakt. Sie leuchten in sattem Grün ohne welke oder fleckige Stellen. Die Anschnitte sehen frisch aus. Frisch vom Feld zu haben ist Grünkohl bei uns von Herbst bis in den Februar. In einer großen Tüte im Gemüsefach aufbewahrt hält er 2–3 Tage.

So wird er gut Grünkohl wächst auf Sand und muss mehrmals gründlich gewaschen werden. Dann werden die Blätter gezupft, was etwas dauern kann. Damit er nicht zu deftig daherkommt, wird Grünkohl oft blanchiert, bevor er ins finale Garen geht.

Grünkohlcurry mit Möhren (Seite 107)

Gurken

» Wer bei ihnen nur an Salat und Konserve denkt, lernt sie in diesem Buch neu kennen – gedünstet, gedämpft, geschmort. «

Gute Gurken machen Salate frisch und reich zugleich, da sie saftig sind und Biss haben – was sie mit guten Tomaten gemeinsam haben. Anders als bei Tomaten gibt es bei Gurken aber in der warmen Küche noch viel Neues zu entdecken. Das kündigt sich mit dem intensiven Duft an, den Gurken beim Garen verströmen, und setzt sich in ihrem einzigartigen Aroma fort, das ein ganzes Gericht durchdringen kann. Auch deswegen sind Gurken so ideal fürs Einkochen.

So sind sie Die Salatgurke gehört zum Standardsortiment in jedem Supermarkt. Aber auch unter deren Schale steckt kein Allerweltsgemüse, wenn's ums Kochen geht. Immer mehr findet man sie auch in der kleinen Version, die intensiver schmeckt, aber mehr an Kernfleisch besitzt – Dips und Salate werden mit ihr besonders gut. Ihre dicken, knubbeligen Verwandten, oft Garten- oder Sommergurken genannt, sind perfekt zum Dünsten und Schmoren. Das gilt noch mehr für die dicke Schmorgurke mit rauher gelber Schale sowie für die Schälgurken, aus denen meist Senfgurken werden. Ebenso fürs Konservieren gedacht sind die kleinen Einlegegurken – aber wenn die mal in einen Salat geschnibbelt werden oder in die Gemüsepfanne kommen, ist es eine kleine Offenbarung.

Dann sind sie gut Salatgurken gibt es das ganze Jahr über, wobei sich sommerliche Freilandgurken mit Treibhausware abwechseln. Alle Spezialsorten und Raritäten von Schmor- über Schäl- bis Einlegegurke werden bei uns von Hochsommer bis Frühherbst geerntet, die beste Jagdzeit für Gurkenfans. Ihre Beute ist perfekt, wenn sie sich fest anfassen, die Schale unversehrt, fleckenlos und nicht verschrumpelt ist – und beim Anschneiden sofort zu duften beginnt. Im kalten Gemüsefach verliert die Gurke schnell an Saft und Kraft, in der dunklen Kühle eines Kellers oder Flurregals bleibt sie locker in Folie mehrere Tage bis über 1 Woche frisch.

So werden sie gut In Salaten entfalten zimmerwarme Gurken am besten ihr Aroma und harmonieren gut mit anderen saftigen Sommergemüsen wie Tomaten oder Staudensellerie, aber auch mit vielen Früchten. Dill ist das klassische Kraut dazu, aber auch Basilikum, Borretsch, Estragon oder schlicht Petersilie ist eine gute Ergänzung. Süß-sauer ist ihr Element, Sahniges ebenso. Das lässt sich auch alles am Herd anwenden, wo aber noch der »aromatische Mitteilungsdrang« der Gurke dazukommt. Reis oder Kartoffeln mit Gurken gegart bekommen einen ganz neuen Geschmackston.

Gurken-Kokos-Raita zu Brokkoli-Pakora (Seite 36), Sommersalat (49), Shakerato Primavera (51), Gazpacho (52), Gurkenstöpsel mit Chili (79), Gurkenreis mit Feta (161), Gurken im Glas (196f.), Gurken-Relish (201)

Kartoffeln

Sie gelten als Gemüse, werden aber meist als Sattmacher gesehen. Am besten sind sie, wenn sie beides vereinen.

Natürlicher und gesünder als mit Kartoffeln können wir kaum satt werden. Anders als Reis, Nudeln oder Brot kommen sie so in den Laden, wie sie geerntet wurden. Den Rest erledigen wir selbst, vom Waschen und Schälen übers Schneiden bis zum Garen – und da sind die Möglichkeiten endlos. Kochen, Dämpfen, Schmoren, Braten, Backen, Frittieren, Gratinieren – alles geht mit der Kartoffel. Und kommt dann noch anderes Gemüse dazu (und es passen alle!), haben wir schon ein komplettes Gericht, das reich an Gutem ist – unter anderem auch an gutem Eiweiß, vielen Vitaminen und anderen Nährstoffen.

So sind sie Kartoffeln werden nach Kochtypen unterschieden. Die beliebtesten sind die vorwiegend festkochenden Sorten wie Agria, Christa, Désirée, Gala, Laura oder Linda, die sich gut für Salz- und Pellkartoffeln, Püree oder Suppen eignen. Festkochende Sorten wie Nicola, Prinzess, Sieglinde oder die feinen Bamberger Hörnchen und La Ratte sind ideal für Salate und Bratkartoffeln. Für Kartoffelmassen, um Knödel, Gnocchi oder Kroketten zu machen, eignen sich am besten mehligkochende Sorten wie Adretta, Augusta, Likaria oder Quarta. Neue Kartoffeln, die es im Frühjahr und Frühsommer gibt, sind meist vorwiegend festkochend, Exoten mit farbigem Fleisch wie die blauviolette Vitelotte oder die rosanen Pink Fir Apple sind oft festkochend.

Dann sind sie gut Aus unserer Region kommen die ersten neuen Kartoffeln (die maximal 100 Tage im Boden herangereift sind) ab Mai auf den Markt. Die richtige Kartoffelsaison beginnt bei uns Mitte August, im Laufe des September bis Oktober kommen die mittelspäten bis späten Sorten. Sie werden oft eingelagert für den Winter und bis ins Frühjahr, wobei sie geschmacklich noch nachreifen. Unter ihnen sind auch die mehligkochenden Sorten. Kartoffeln sollten eine unverletzte und glatte Schale haben, auf der am besten noch Erde ist – so halten sie länger. Augen, Furchen und Verwachsungen gehören zu ihrer Natur, zu viel davon kann aber die Arbeit mühsam machen. Finger weg von Kartoffeln, die keimen, sie sind zu alt. Und grüne Stellen sind ein Zeichen für zu viel Solanin in der Knolle, ein Alkaloid, das mindestens den Magen verdirbt – weg mit diesen Knollen. Aufbewahrt werden sie kühl, dunkel, trocken und luftig, also im Keller oder an einer anderen nicht zu warmen Stelle.

Kartoffelchips mit Senfmayo (Seite 40), Ofensalzkartoffeln mit Schnittlauchquark (61), Kartoffelknödel mit Paprikakraut (144), Frische Gnocchi aus Petersilienwurzeln (146), Rahmkartoffeln mit Mairüben (148), Kartoffel-Lauch-Gratin (149)

Kohlrabi

» Ob weiß oder violett – unter der Schale liegt saftiges Fleisch, das roh wie gegart ein Genuss ist. Gerne mit Sahne. «

Er ist eines der feinsten Mitglieder der Kohlfamilie dank des erfrischend milden Geschmacks der Knolle, die über der Erde wächst. Ihre jungen Blätter und Stiele sind ebenfalls eine Delikatesse und können mitgedünstet werden.
Dann ist er gut Bei uns kann Kohlrabi ab Mai auf dem freien Feld geerntet werden, bis in den September hinein. Die Schale sollte glatt und ohne Risse sein, das Grün frisch. Manche Knollen können von unten her holzig sein, dies großzügig wegschneiden. Im Gemüsefach hält Kohlrabi mindestens 1 Woche.
So wird er gut Kohlrabi ist wunderbar als Rohkost, die am besten frisch nach dem Zubereiten verspeist wird. Beim Dünsten und Schmoren wird sein Geschmack noch intensiver und verträgt einen guten Stich Butter oder Schuss Sahne. Und auch gebraten oder gefüllt kann er toll sein.

Sahnekohlrabi mit Rucola und Mandeln (Seite 122)

Knollensellerie

» Der Geschmacksbomber ist Standard beim Ansatz von Suppen und Saucen, bereichert aber auch Aufläufe oder Pürees. «

Wegen seines intensiven Aromas wird Sellerie oft kombiniert mit anderen Gemüsen (u. a. im Suppengrün) oder auch mit Früchten und mit Sattmachern wie Kartoffeln, Reis oder Pasta – ein Sellerierisotto ist was richtig Gutes!
Dann ist er gut Bei uns wird Sellerie im Herbst geerntet und ist dann über den Winter zu haben, Import gibt es das ganze Jahr. Ganze Knollen mit unversehrter Schale und frischem Grün sind das Ideal. Gibt es nur Anschnitte, sollten diese möglichst frisch sein, feucht und hell – auch im Suppengrün. Unter Kellerbedingungen kann Knollensellerie 2–3 Wochen lagern.
So wird er gut Sellerie lässt sich gut braten (auch blanchiert und paniert als Schnitzel), wokken und schmoren. Er harmoniert mit kräftigen Gewürzen, Kräutern und Essenzen, ebenso mit Sahne und vielen Arten von Käse.

Suppengrün-Lasagne (Seite 170), Stampf mit Sauce (171)

Kürbis

Der große Onkel aus Amerika hat sich inzwischen vom Halloween-Gag zum Lieblingsgemüse entwickelt.

Viele Kürbisse bringen von Natur aus ein Leuchten ins Essen. Ihr gelbes bis oranges Fruchtfleisch verleiht Gerichten Farbe und entgegen der Meinung vieler Aroma-Freaks auch Geschmack – wenn man ihn richtig zu nehmen weiß. Und da kommt es auf die Sorte an.

So ist er Der aus Amerika eingewanderte Kürbis kann es ziemlich bunt treiben – von grün bis gelb, von riesig bis minimal, von flaschenförmig bis eckig, von verschlossen bis offenherzig. Wenn wir aber mal die Zierarten weglassen, den Riesen für die Laterne auch und die verwandten Zucchini an anderer Stelle abhandeln, ist die Kürbisfamilie gar nicht mehr so einschüchternd. Da ist der stattliche Muskatkürbis mit glänzender beigeoranger oder grüner Schale, die sich – auch wegen ihrer Rippen – nicht ganz leicht vom Fleisch lösen lässt, das aber schon roh himmlisch schmeckt. Besser zu nehmen ist der Hokkaidokürbis, weil kleiner und samt Schale verwendbar. Wegen seines leuchtenden Fleischs und seines feinen Geschmacks ist er inzwischen unser beliebtester Kürbis. Eine Entdeckung wert sind aber auch der intensive Butternut- oder Flaschenkürbis, der Spaghettikürbis und die flachen kleinen Patissons.

Dann ist er gut Im Sommer bekommen wir bei uns neben den verwandten Zucchini auch schon andere Kürbisse (Patissons, Rondini), im September kommt dann der Hokkaido auf den Markt gefolgt vom Muskatkürbis, beide sind bis in den Winter zu haben. Ihr pralle feste Schale kann Schorf haben, sollte aber keine Risse oder gar Löcher besitzen. Beim Draufklopfen klingt es hohl. Der Stiel (sollte immer dran sein) sieht frisch aus. Kürbisse mit fester Schale können kellerkühl und dunkel mindestens 1–2 Wochen aufbewahrt werden, die anderen 2–3 Tage im Gemüsefach.

So wird er gut So mächtig der Kürbis auftritt, so flüchtig ist sein Geschmack. Ein wenig Würze, Säure, Süße kitzeln ihn heraus, zu viel davon übertönt ihn. Auch mit Flüssigkeit eher sparsam sein, sonst verwässert oder »versahnt« er. Simples Braten in der Pfanne oder Backen im Ofen bekommt ihm oft besser als Dünsten – auch wenn eine Suppe oder Sauce angesetzt werden soll. Und er ist schneller gar als man denkt, oft reichen schon ein paar Minuten, anschließend verliert er nur noch an Geschmack.

Omelett mit Kürbis und Ziegenkäse (Seite 32), Kürbis-Wedges mit Bananen-Ketchup (40), Kürbis vom Blech (89), Tagliatelle mit Kürbispesto (140), Kürbis mit Couscous und Feta (156), Muskatkürbis in Weißwein (180)

Lauch & Lauchzwiebel

» Der eine taugt zum starken Soloauftritt, die andere ist lieber erfrischende Begleitung. Mühe machen beide nicht. «

Dann sind sie gut Das dunkle Grün und die Wurzelfäden sollten noch dran sein – denn wenn diese frisch sind, weiß man auch, dass es der Rest ist. Vergilbte bis vertrocknete Stellen sind ein Problem, Erdspuren sind es nicht – alles was weiß ist, wächst nun mal in der Erde. Geerntet werden bei uns ab April Lauchzwiebeln, ab Juni der zarte Sommerlauch, ab September der kräftige Herbstlauch. Gut verpackt (sein Duft durchdringt sonst alles) bleiben Sommerlauch und Lauchzwiebeln 1 Woche, Herbstlauch mehrere Wochen im Gemüsefach frisch.

So werden sie gut Lauch entfaltet sein Aroma beim Kochen, Dünsten und Schmoren am besten, gerne zusammen mit anderen Gemüsen, Reis oder Kartoffeln. Lauchzwiebeln erfrischen unkompliziert Salate und Dips und entwickeln gedünstet einen feinen Geschmack.

Lauchbutter (Seite 24), Grüne Zwiebelrahmsuppe (92), Tomaten, Lauchzwiebeln und Austernpilze (100), Bunte Zwiebelsuppe mit Käsetoast (132), Kartoffel-Lauch-Gratin (149)

Linsen

» Auch wenn sie keine Frischgemüse sind, bieten die Hülsenfrüchte mit dem erdigen Geschmack viele Nährstoffe. «

So sind sie Braune und grüne Tellerlinsen sind die, die wir aus dem Eintopf kennen. Sie ergeben auch gute Cremesuppen und Pürees. Feiner sind die kleineren grüngrauen Puy-Linsen, die nicht so mehlig und sehr nussig schmecken. Fein für Salate mit Substanz. Noch edler sind die schwarz glänzenden sehr kleinen Kaviar-Linsen, die als Salat und Gemüse gekocht eine Delikatesse sind. Rote und gelbe Linsen sind in der Küche des Orients und Indiens beliebt. Da sie geschält sind, werden sie schnell weich und vor allem für Suppen und Pürees verwendet.

Dann werden sie gut Linsen müssen nicht eingeweicht werden, sollten aber wie alle Hülsenfrüchte ohne Salz und Säure garen, sonst bleiben sie hart. Beides kommt später dazu.

Rote Linsencreme (Seite 25), Linsencremesuppe mit Minze (90)

Möhren

» **Sie bringen Farbe und Süße ins Essen, egal ob sie gedünstet oder geschmort, gebraten oder frittiert werden.** «

»Gelbe Rüben« werden sie in Bayern genannt, und das waren sie tatsächlich auch mal. Angeblich soll das Orange des holländischen Königshauses Züchtern ein Vorbild für ihre heutige Farbe gewesen sein. Ihren Status als Adelige unter den Rüben hatten sie schon immer – dank ihrer zarten Struktur und ihres mild-süßen Geschmacks werden sie in Bauernküchen wie in Sternelokalen serviert. Inzwischen auch wieder im ursprünglichen Gelb.

So sind sie Die schlanken, spitz zulaufenden Bundmöhren werden samt Grün zusammengebunden und sind oft süßer als die »Waschmöhren«, wie die größeren zylindrigen Wurzeln genannt werden, die im Laden lose oder in Tüten in der Auslage sind. Neben den gelben gibt es auch violette Sorten, Ur-Möhren genannt – die nach dem Kochen aber wieder viel Orange an sich haben. »Karotten« steht für die kleinen rundlichen Möhren, die wir hier vor allem aus der Dose kennen, die aber in Frankreich als Delikatesse gelten – weswegen sie auch »Pariser Karotten« genannt werden.

Dann sind sie gut Bundmöhren aus dem regionalen Freiland gibt es bei uns ab Mai/Juni, die lange haltbaren Waschmöhren vom Sommer an bis in den März hinein. Sie können im kühlen Keller wie im Gemüsefach eine bis mehrere Wochen gelagert werden, Bundmöhren 1–2 Wochen. Sie alle sollten fest im Fleisch und glatt in der Schale sein, kleine Runzeln gehören dazu, Risse und Kerben nicht, ebenso sollten die Enden noch komplett dran sein. Ist Grün dran, sieht es am besten so aus wie frische Kräuter. Es wird beim Kauf entfernt, da es auf Dauer der Wurzel die Nährstoffe entzieht.

So werden sie gut Möhren gedünstet in Butter mit einer ordentlichen Prise Salz und einer kleinen Prise Zucker sowie einem kleinen Schluck Sprudel, zum Schluss kommt noch Petersilie dazu – das ist schon sehr perfekt. Wird das noch mit anderem Wurzelgemüse oder aromatischem festem Gemüse wie Fenchel kombiniert, kann die Perfektion überraschen. Auch ein Kräuterwechsel – Dill, Basilikum, Kerbel – oder der Einsatz starker Gewürze – Fenchel, Zimt, Vanille – beflügelt die Möhrenküche. Wein und Knoblauch, Senf und Sahne, Sojasauce und Kokosmilch – Möhren haben so viel Charakter, dass sie mit vielem bestens klarkommen. Selbst wenn sie nach Kartoffelart gebraten, frittiert, püriert oder gratiniert werden.

Carrot-, Banana- & Bean-Pancake (Seite 33), Möhrenkäse leicht & mehr (50), Möhren im Papier mit Senfbutter (67), Spargel, Radieschen und Möhren vom Blech (100), Grünkohlcurry mit Möhren (107), Möhrenspätzle (141), Frühlingsallerlei mit Grießnocken (155), Möhren à la grecque (183), Japanische Sojarüben (184)

Mangold

Er ist mit der Zuckerrübe eng verwandt, doch bei ihm kommt's auf Blatt und Stiel an – gut zum Dünsten und Füllen.

Mangold war mal unser liebstes Blattgemüse, inzwischen ist es der Spinat. Dem ähnelt der junge Schnitt- oder Babymangold mit weißen, roten oder gelben Stielen. Die sind beim großen Bruder immer breit und fleischig.

Dann ist er gut Frisch vom Feld ist Mangold bei uns ab Mai/Juni bis September zu haben. Die Stiele sollten reinfarben und fest sein, die Blätter glänzend dunkelgrün und stabil. Luftdicht in einer Tüte hält der große Mangold 1–2 Tage im Gemüsefach, Schnittmangold nur 1 Tag.

So wird er gut Die Stiele werden herausgeschnitten und gedünstet, später kommt das Grün dazu, das zuvor noch blanchiert werden kann. Die gedünsteten Stiele können auch darin eingewickelt werden für Röllchen. Schnittmangold kann wie junger Spinat in den Salat kommen oder ganz kurz angedünstet werden.

Mangoldröllchen mit Estragon (Seite 78)

Mais

Was im Frühling der Spargel, ist im Herbst der Mais: eine Rarität, auf die ihre Liebhaber gerne das übrige Jahr warten.

Der Umgang mit Mais ist so eindeutig wie bei der Artischocke: kochen und aus der Hand genießen mit etwas Gutem dazu. In seiner Heimat Amerika gibt es ihn in vielen Farben und Sorten, bei uns wird gelber Gemüse- bzw. Zuckermais angeboten. Der übrigens zum Getreide zählt.

Dann ist er gut Ab Juli/August bis in den Oktober bekommen wir frischen Mais bei uns. Er sollte aus der Nähe stammen, da er geernet schnell sein süßes Aroma verliert. Unter den Blättern sollen die Körner prall, tiefgelb und glänzend am Kolben liegen. Mais wird am besten sofort zubereitet, länger als 1 Tag in feuchten Tüchern sollte er nicht im Gemüsefach sein.

So wird er gut Der Kolben ohne Blätter und Heu oder die abgeschabten Körner werden in Salzwasser mit Butter gegart, Kolben können danach noch gegrillt werden.

Mais-Relish (Seite 188)

Paprika

» In vielen Farben finden wir die Schoten in den Küchen der Welt – von Amerika bis Asien, von Bayern bis zum Balkan. «

Frisch und saftig macht Paprika einen Salat im Nu knackig, langsames Schmoren verwandelt die Schoten in ein wahres Geschmackswunder. Und weil sie dabei auch noch für Farbe sorgen, finden sich die bunten »Sweet Peppers« in vielen Gerichten – vom Ratatouille bis zum Letscho, von der Gulaschsuppe bis zum Chili con carne. Bei diesen beiden interessiert uns aber nicht das Fleisch darin, sondern deren besondere Würze – mit Paprikapulver und Chilischoten, die mit den großen Schoten eng verwandt sind.

So sind sie Wir kennen als erstes die gedrungenen glockenförmigen Schoten mit dickem Fruchtfleisch, die als Gemüsepaprika bei allen Händlern zu haben sind – von fruchtigem Rot über mildes Gelb bis zu grasigem Grün. Auch Orange und Aubergine sind Farbtöne, die manchmal an diesen Schoten zu sehen sind. Vor allem in südländischen und orientalischen Läden gibts Spitzpaprika, die knackiger sind und sich gut verarbeiten lassen. Aus Ungarn kommen rundlich rote Tomatenpaprika, die besonders aromatisch sind. Ebenso Peperoni – die mal mild, mal scharf sein können.

Dann sind sie gut Ab Juli bis in den Oktober hinein bekommen wir bei uns Freilandpaprika aus Süd- bis Südosteuropa, das übrige Jahr gehört der Treibhausware oder den Importen von weit her. Gute Schoten sind fest mit einer glänzenden, makellosen Haut und einem frischen grünen Stiel. Die Samen und Samenwände sind hell und weich.

So werden sie gut Bunte Paprikastreifen einfach aus der Hand mit einem Dip dazu, das kann sehr fein sein. Außerdem können die Stücke gedünstet, geschmort, gebacken und gegrillt werden, wobei sie kräftige Aromen gerne annehmen. Ganze Schoten werden auch gerne gefüllt, ob warm oder kalt (das vor allem Spitzpaprika). Es gibt viele Methoden, um die Haut abzulösen – wir nehmen am liebsten den Schäler wie beim Apfel.

Gazpacho (Seite 52), Gefüllte Paprika (76), Provençalische Ratatouille (113), Ungarisches Letscho (114), Kartoffelknödel mit Paprikakraut (144), Mais-Relish (188)

P

SPEISEKAMMER

Paksoi

Die fleischigen Stiele wie die dicken Blätter sind vor allem in asiatischer Zubereitung ein großer Genuss.

Neben dem Chinakohl ist der an Mangold erinnernde Paksoi bei uns der bekannteste Botschafter der Kohl- und Blattgemüse Asiens. Er schmeckt grasig und leicht süßlich.

Dann ist er gut Der meiste Paksoi kommt aus Asien zu uns, ein Teil auch aus europäischen Treibhäusern – weswegen er keine echte Saison hat. Die Blätter sollen frisch und fest sein, die Stiele weiß und ohne Risse oder Flecken. Im Gemüsefach hält er luftdicht verpackt 1–2 Tage.

So wird er gut Kleine Stauden können ganz, größere samt Strunk halbiert oder geviertelt zubereitet werden. Vor dem eigentlichen Garen werden sie wie Spinat oder Grünkohl oft noch blanchiert. Dann können sie solo oder mit anderen Gemüsen gedünstet und geschmort werden, oft mit asiatischen Aromen. Zum Wokken wird Paksoi auch in Streifen geschnitten.

The Green Wok (Seite 104)

Pastinaken

Einst ein urdeutsches Gemüse, sind die hellen Wurzeln fast in Vergessenheit geraten, bis sie wiederentdeckt wurden.

Wem die Möhre zu mild und der Sellerie zu eindeutig schmeckt, sollte es mal mit der Pastinake versuchen: Sie hat Würze, aber auch Süße und dabei den Biss einer typischen Rübe. Nicht zu verwechseln mit der Petersilienwurzel.

Dann sind sie gut Ab Oktober und dank ihrer guten Lagerbarkeit bis ins Frühjahr sind Pastinaken zu haben. Die Rübe sollte fest und nicht elastisch sein, die Schale unversehrt, also auch samt Spitze. Frisches Grün steht auch hier für frisches Gemüse. Und: Die Kleinen sind feiner. Aufbewahrt werden sie luftdicht verpackt im Gemüsefach (1 gute Woche) oder im kühlen Keller (mehrere Wochen).

So werden sie gut Pastinaken können gedünstet und geschmort werden, woraus auch ein Püree entstehen kann. Toll sind sie zudem gebraten oder frittiert.

Wunderrüben (Seite 118), Gebratene Pastinaken mit grünen Bohnen (121)

Petersilienwurzeln

Mit ihrem eindeutigen Geschmack sind sie vor allem in Kombination mit anderen Gemüsen eine echte Delikatesse.

Die Wurzel unseres beliebtesten Würzkrauts schmeckt und duftet auch nach Petersilie. Wer davon ein Fan ist – prima! Alle anderen kombinieren mit anderem Gemüse. So wie es beim Suppengrün gehandhabt wird.

Dann sind sie gut Sie sind späte Rüben, kommen erst im Oktober/November auf den Markt, aber dann halten sie lange: im Gemüsefach luftidcht verpackt 1–2 Wochen, im kühlen Keller gleich noch mehrere dazu. Gute Petersilienwurzeln duften nach dem Grün, sie sind fest, und ihre Schale hat keine Risse, die Spitzen der Rüben sind noch dran.

So werden sie gut Weil sie solo streng schmecken können, bekommt ihnen beim Dünsten, Schmoren oder Gratinieren die Kombi mit Sahne, Butter oder Käse gut. Sie können auch zu einem Püree verarbeitet werden.

Frische Gnocchi aus Petersilienwurzeln (Seite 146)

Pfifferlinge

Klein und fein mit großem Aroma – mit Schwung gebraten machen die Edelpilze jedes Stück Fleisch überflüssig.

Dann sind sie gut Die Pfifferlingsaison geht von Juni bis in den Herbst. Der Großteil der bei uns angebotenen Wildpilze stammt aus Osteuropa. Ihr Goldbraun sollte gleichmäßig sein und an den Rändern weder dunkel aufgeweicht noch rissig. Die Anschnitte sollten frisch aussehen. Am besten schmecken die Pilze frisch, zum kurzen Lagern sie ausgebreitet zwischen angefeuchtetem Küchenpapier ins Gemüsefach geben.

So werden sie gut Die Pfifferlinge gründlich putzen bzw. falls nötig kurz waschen – 3 Esslöffel Mehl in 1 Liter Wasser binden den Dreck und schützen sie vor Aufweichen, Trockentupfen hilft dabei. Pfifferlinge werden am besten sehr heiß angebraten, dann dünsten sie nicht und bleiben bissfest statt zäh zu werden. Thymian, Rosmarin, Petersilie, Schnittlauch oder Dill passen sehr gut zu ihnen.

Brokkoli mit Pfifferlingen und Thymian (Seite 124), Pilze in Öl (187)

Radieschen

Sie taugen zu mehr als zum bunten »Brotzeitnebenbei«. Sanftes Garen bekommt ihnen ebenso – samt ihrem Grün.

Mit ihrer feinen Schärfe, ihrer Saftigkeit und ihrem knackigen Biss sind Radieschen eine Erfrischung pur oder im Salat, erhitzt werden sie milder (und blasser). Toll schmeckt auch ihr Blattgrün, das an Rucola und Kresse erinnert.

Dann sind sie gut Frisch vom Feld kommen sie von Frühjahr bis Herbst, sonst aus dem Treibhaus. Kleine Knollen sind oft geschmackvoller (auch schärfer) und feiner in der Konsistenz. Sie sollten glatt und fest sein, das Grün satt und frisch. Je frischer das Radieschen, desto besser sein Geschmack. 1–2 Tage luftdicht verpackt im Gemüsefach sind das Maximum.

So werden sie gut Pur zum Butterbrot mit einer Prise Salz – perfekt! In Butter gedünstet mit einer Prise Zucker – sehr fein! Mehr dazu ab Seite 54.

Bruschetta mit Radieschen (Seite 20), Shakerato Primavera (51), Radieschensalat mit Orangen (56), Gedämpfte Radieschen mit Tofu (57), Rahmradieserl mit Brezenknödeln (150)

Rettich

In Japan ist er ein gängiges Gemüse, und es lohnt sich, ihn auch bei uns jenseits der kalten Küche kennenzulernen.

Roh kann einen Rettich überwältigen mit seiner Schärfe und dem leicht schwefligen Geschmack. Salzen oder Dünsten mildert das.

Dann ist er gut Ab Mai gibt es im Freiland die kleineren und zarteren Sorten in Weiß und Rot, Eiszapfen oder Mairettiche genannt. Den großen Weißen bekommen wir bei uns ab Juli, von Oktober bis in den Winter kommen nur noch die runden Sorten in Braun, Violett oder Schwarz vom Feld, der Rest ist Treibhausware. Glatte Schale und festes Fleisch sowie frisch aussehendes Grün sind stets ein gutes Zeichen. Ohne sein Grün und in ein feuchtes Tuch gehüllt hält sich Rettich bis zu 1 Woche im Gemüsefach.

So wird er gut Fein gehobelt oder geraspelt wird Rettich für einige Minuten eingesalzen, um milder zu werden. Gedünstet in Butter mit etwas Zucker, Brühe oder Sahne ist er ein Genuss.

Wunderrüben (Seite 118)

Rosenkohl

» Das Kohlgemüse für Liebhaber, die es aber nicht immer nur deftig mögen müssen – er kann auch anders. «

»Kohlsprossen« heißen sie in Österreich, weil sie an einem langen Stiel übereinander sprießen. Wenn sie sich damit bis in den Winter hinein Zeit lassen, schmecken sie harmonischer – wobei mehr die Dauer als die Kälte eine Rolle spielt.
Dann ist er gut Ab Oktober bis in den Winter hinein ist Rosenkohlzeit, dann kommt er mild genug zu uns vom Freiland, das vor allem in Frankreich und England liegt. Die Röschen sollten fest und gut geschlossen sein, die Außenblätter ein schönes Grün tragen, ohne Flecken oder gar gelbe Stellen. Luftdicht verpackt bleibt er so im Gemüsefach für 3–4 Tage.
So wird er gut Rosenkohl sollte kurz blanchiert werden, bevor er gedünstet oder geschmort wird, gern mit kräftigen Kräutern und Gewürzen. Mal was anderes: Den Kohl putzen und die Blättchen wie Blattgemüse zubereiten.

Austernpilze mit Rosenkohlblättern (Seite 120), Gnocchi mit Rosenkohl (142)

Rote Bete

» Süßsauer aus dem Glas? Da geht mehr! Auf dem Herd und im Ofen. Und das nicht nur in Rot. «

Die runden Rüben mit der tiefroten Farbe haben inzwischen eine Renaissance erlebt. Man kann sie nun auch vorgegart und gepellt kaufen sowie in anderen Farben – von weiß über gelb bis orange.
Dann sind sie gut Frisch vom Freiland kommt bei uns die Rote Bete ab September und ist dank guter Lagermöglichkeit bis zum Winterende zu haben. Die Schalen sollen glatt sowie fest und müssen unverletzt sein, damit beim Garen nichts ausläuft; die Stiele bzw. das Grün sollten möglichst frisch sein. In dunkler Kellerkühle bleiben Rote Beten über Wochen haltbar.
So werden sie gut Im Ganzen werden Rote Beten samt Schale gegart und gepellt, ansonsten roh mit Handschuhen geschält und geschnitten. Schärfe, Süße und Säure bekommt ihnen – mehr ab Seite 94.

Rote-Bete-Ragout (Seite 96), Ofenbete mit Honig-Kren-Butter (97), Wunderrüben (118)

Rotkohl

» Ein Charakterkopf, der es gerne süß, sauer und würzig zugleich mag. Und das nicht nur als Beilage zu Weihnachten. «

Im Süden Deutschlands wird er auch Blaukraut genannt – weil man ihn dort mit weniger Säure zubereitet, die ihm die typisch rote Färbung gibt.
Dann ist er gut Der milde und lockere Sommerrotkohl ist für feine Salate und Gemüsegerichte ideal. Ab September kommen die Lagersorten von den Feldern, die bis ins nächste Jahr halten. Ein weißer Schimmer auf den Außenblättern gehört zu seinem Charakter, diese sollten unversehrt und glatt sein. (Fehlen sie, kann das verräterisch sein.) Der Kopf selbst ist fest und geschlossen. Im Gemüsefach hält er in Folie Wochen, unter Kellerbedingungen Monate.
So wird er gut Für Salat den Kohl mit Salz verkneten, das macht ihn bekömmlicher. Gegart wird er gern mit »süßen« Gewürzen wie Nelke, Zimt oder Piment. Aber auch Kreuzkümmel, Ingwer oder Olivenöl passen gut zu ihm.

Wintereintopf mit Rotkohl (Seite 128)

Rucola

» Wenn die kräftigen Blätter zum Schluss dazukommen, geben sie Gemüsegerichten würzige Schärfe. «

Weil er zur Familie Kohl gehört und öfter mit warmen Gemüsen oder Nudeln in Berührung kommt als andere Salate, haben wir ihn hier als eigenes Stichwort aufgenommen.
Dann ist er gut Rucola wird von Juni bis September im Freiland geerntet und schmeckt dann besonders gut – vor allem, wenn man die wilde Sorte der »Rauke« bekommt, die schmalere und dunklere Blätter hat. Allgemein schmecken kleine Blätter würziger als große, sie sollten frisch und fest sein statt welk und gelb. Luftdicht verpackt hält Rucola 1–2 Tage im Gemüsefach.
So wird er gut Kurz gewaschen, gut trockengeschüttelt und von den dicken Stielen befreit (größere Blätter auch geteilt) – so mögen wir Rucola, ob im Salat oder in den letzten Sekunden unter Pasta, Gnocchi oder Gemüsepfannen und -eintöpfe gemischt.

Gefüllte Champignons (Seite 71), Sahnekohlrabi mit Rucola und Mandeln (122)

SPEISEKAMMER

Salate

Ob Kopfsalat, Radicchio oder Endivie – diese Blätter mit Geschmack taugen auch für die Gemüseküche.

Dass Chicorée (Seite 208), Chinakohl (209) oder Rucola (223) auch warm schmecken, hat man schon gehört. Aber auch der Kopfsalat und seine Verwandten machen sich gut im Topf – und in der Salatschüssel sowieso.

Dann sind sie gut Salat kommt idealerweise aus dem nahen Freiland. Ab April gibts ihn bei uns, von Juni bis Oktober steckt das meiste Gute in ihm. Späte Köpfe wie die Endivie kommen ab August bis November vom Feld. Die Köpfe sollten eher klein und geschlossen sein mit unversehrten Außenblättern – fehlen die, ist das verdächtig. Im Gemüsefach halten Salate luftdicht verpackt 1–2 Tage, festere Köpfe 1 Woche.

So werden sie gut Zarte wie die Kopfsalate werden nur kurz gedünstet und mild gewürzt, kräftigere wie der Radicchio vertragen schon etwas mehr an Hitze und Würze.

Green Gun Cocktail (Seite 47), Radicchio, Chinakohl und Wirsing vom Blech (101)

Schwarzwurzeln

Ihr Aussehen täuscht – unter der groben Schale verbirgt sich ein zarter Kern mit wundervollem Aroma.

Keine Frage, Schwarzwurzeln sind nicht leicht zu haben. Das fängt bei der Ernte und damit beim Preis an und hört eigentlich erst mit dem Kochen auf – denn wenn erst mal Erde und Schale beseitigt sind und die Wurzeln strahlend weiß auf dem Teller liegen, bekommen wir einmaliges Aroma: nussig, sahnig und sehr voll.

Dann sind sie gut Ab Oktober gibts die auch »Winterspargel« genannten Stangen bei uns vom Feld bis ins Frühjahr hinein. Die Schale soll ohne Schaden und Anschnitt sein, bei dem in der Küche milchiger Saft austreten sollte. In Folie im Gemüsefach halten Schwarzwurzeln gut 1 Woche.

So werden sie gut Gründlich gewaschen und geschält, kurz in Mehl-Zitronen-Wasser vorm Bräunen bewahrt und dann gedünstet, geschmort, gebraten oder auch frittiert.

Schwarzwurzelfritten mit Sesamsalz (Seite 42)

SPEISEKAMMER

Shiitakes

Die feine Alternative zum Champignon – die asiatischen Zuchtpilze übertreffen ihn im Aroma (aber auch im Preis).

Einst wuchsen sie auf Holz, inzwischen kommen sie bei uns das ganze Jahr über aus Treibhäusern. Getrocknete Shiitakes schmecken besonders intensiv und können Gemüsebrühen wie -saucen viel Würze geben.

Dann sind sie gut Die Köpfe sollten fest mit einem leichten Schimmer sein und erdig-frisch duften. Je heller die Lamellen an der Unterseite sind, desto frischer der Pilz. Locker in Papier verpackt halten sich Shiitakes 1–2 Tage im Gemüsefach frisch.

So werden sie gut Abreiben mit Küchenpapier reicht, dazu werden die Stiele entfernt, da die oft zäh bleiben. Kurzes Braten oder Wokken bekommt ihnen gut, mit anderem Gemüse gedünstet oder geschmort verleihen Shiitakes diesen Aroma. Ansonsten geht alles, was auch mit Champignons geht.

Nudeln mit Shiitakes und Staudensellerie (Seite 138)

Spargel

Ob in reinem Weiß, mit einem Hauch Violett oder ganz in Grün – die eleganten Stangen taugen zu mehr als zum Kochen.

Bei uns mag man ihn am liebsten ganz hell, wie er unter der Erde wächst. Schauen die Spitzen raus, werden sie violett (in Frankreich geschätzt), grün wird der Spargel oberhalb der Erde.

Dann ist er gut Je frischer desto besser – am besten vom Feld in den Topf. Weiße Stangen bekommen wir ab Mai bis Ende Juni bei uns. Wie die grünen sollten sie makellos und fest sein mit geschlossenen Köpfen und saftigem Anschnitt (Finger weg von Fertigbündeln, die diesen verstecken). In feuchten Tüchern kann er 1, höchstens 2 Tage im Gemüsefach lagern.

So wird er gut Im Bündel gekocht in Salzwasser mit Butter und 1 Prise Zucker – klassisch. Man kann ihn aber auch dämpfen (auch in Folie), dünsten, braten und sogar roh genießen.

Spargel in der Folie (Seite 64), Grüner Ofenspargel mit Ziegenkäse (68), Spargel, Radieschen und Möhren vom Blech (100), Pizza mit grünem Spargel (164)

Spinat

» Frisch ist er was für Feinschmecker, ob frühlingszart im Salat oder als Sommergericht blanchiert und gedünstet. «

Nach dem Motto »Vorwärts in die Vergangenheit« hat sich Spinat bei uns von der Industrieform (püriert, gerahmt und tiefgefroren) zum puren Blattgemüse zurückentwickelt, das es selbst im Supermarkt gibt. Ein echter Fortschritt.
Dann ist er gut Ab März/April gibt es zarten Frühlingsspinat aus dem Freiland, der gut für Salate ist. Später kommt der robustere Sommerspinat. Ab Oktober lieber zu Mangold greifen, Spinat hat dann zu viel Oxalsäure, die die Nährstoffaufnahme hemmt. Frischer Spinat hat gleichmäßig grüne Blätter und Stiele. Luftdicht verpackt hält er 1 (Frühling) bis 3 (Sommer) Tage im Gemüsefach.
So wird er gut Festere Blätter gut waschen und von Stielen befreien, kurz blanchieren, ausdrücken und dünsten – am besten pur im eigenen Saft mit eindeutigen Aromen.

Fenchel-Spinat-Salat mit Joghurt (Seite 44), Rahmblattspinat mit Steinpilzen (110)

Staudensellerie

» Ein knackiger Typ, der Salaten wie Suppen, Pfannengerührtem und Schmorgemüsen einen ganz eigenen Charakter verleiht. «

Wie die Knolle haben auch die Stangen ein charakteristisches Aroma, das durch den hohen Wassergehalt etwas Erfrischendes mit Biss hat. Früher waren sie hell (daher auch »Bleichsellerie«), heute sind sie meist hellgrün.
Dann ist er gut Staudensellerie ist ein Sommergemüse, das bei uns ab Juli bis in den Herbst hinein vom Feld kommt. Frische Stangen tragen gleichmäßig Grün und sind möglichst ohne Anschnitte oben, wo das Selleriekraut sitzt. Ganz verpackt in Folie hält Staudensellerie 1 gute Woche im Gemüsefach.
So wird er gut Der untere Wurzelstand wird abgeschnitten, für größere Stücke die Fäden mit der Messerspitze von den Stangen abziehen, bei feinen Scheiben können sie dranbleiben. Das Selleriegrün kann Gegartes würzen – aber vorsichtig dosieren, es ist intensiv!

The Green Wok (Seite 104), Nudeln mit Shiitakes und Staudensellerie (138), Piccalilly (195)

SPEISEKAMMER

Steckrüben

»Wenn sie mit auf den Teller kommen, wird der Herbst erst richtig golden. Gerne kombiniert mit anderen Gemüsen.«

Mit ihrem süßlich-würzigen Kohlgeschmack gelten Steckrüben heute als regionale Delikatesse. Das war mal anders, als man vor allem die großen Knollen lange lagerte, sodass sie wirklich wie Viehfutter schmeckten.

Dann sind sie gut Im Oktober und November kommen Steckrüben bei uns aus dem Freiland, gelagert werden sie bis ins Frühjahr, dann sind sie aber nicht mehr delikat. 1–2 Wochen gut verpackt im Gemüsefach sind ideal für sie. Kleine Knollen sind feiner in der Konsistenz und intensiver im Geschmack, ihre gelb-violette Schale sollte fest und glatt sein. Schorf und ein »staubiges« Aussehen gehören zu ihrer Eigenart.

So werden sie gut Ob pur, in Kombination oder für Pürees und Suppen, Steckrüben sollten gerade bissfest garen, dann schmecken sie schön würzig und nicht zu süß und kohlig.

Wunderrüben (Seite 118), Wintereintopf mit Rotkohl und Steckrüben (128)

Steinpilze

»Der pure Genuss, zu dem alles andere nur Begleitung ist. Etwa würzige Kräuter und gerne auch ein Schuss Sahne.«

Sie sind die populären Herrscher unter den Pilzen, die mit ihrem Duft und Aroma über jedes Gericht regieren.

Dann sind sie gut Erste Steinpilze finden wir ab Mai im Wald und auf dem Markt, im August/September ist Hauptsaison, wobei auch da das Meiste aus Osteuropa kommt. Feste unversehrte Kappen ohne trockene wie feuchte Stellen, nicht zu schwammige Lamellen und ein glatter Stiel möglichst ohne Wurmlöcher sind optimal. Steinpilze sollten möglichst frisch zubereitet werden, 1–2 Tage ausgebreitet zwischen Küchenpapier im Gemüsefach sind das Maximum.

So werden sie gut Gründlich geputzt (aber möglichst nicht gewaschen) werden sie kurz (!) gebraten, gegrillt, in Butter oder Sahne gedünstet, gerne mit starken Aromen. Zu langes Garen macht sie weich und nimmt Geschmack.

Rahmblattspinat mit Steinpilzen (Seite 110)

Tomaten

» Sie geben unserem Gemüseangebot Farbe und vielen Gerichten Saft und Aroma. Thank you, America. «

Und »grazie Italia«, denn erst dort hat man so richtig erkannt, was die Entdecker Amerikas da für ein »Goldstück« (pomodoro = Goldapfel) mit nach Europa gebracht haben. Pasta asciutta und Pizza Margherita wären ohne sie undenkbar, ebenso wenig ein ungarisches Letscho, ein deutscher Tomatensalat oder die mexikanische Guacamole, wie man sie in der Heimat der Tomate macht. Womit auch schon ihre Vielseitigkeit gezeigt wird – Dünsten, Dämpfen, Schmoren, Braten, Backen, Gratinieren oder einfach nur Marinieren, all das geht mit der Tomate.

So sind sie Rund und rot mit grünem Stielansatz, so sieht die klassische Tomate aus. Doch die Zeiten, als es nur diese in gleichmäßiger Größe und Fleischtomaten bei uns gab, sind lange vorbei. Längliche Eier- oder Flaschentomaten, wie man sie auch geschält in Dosen findet, werden wegen ihres dicken, süßen Fleischs vor allem für Saucen geschätzt; spezielle Sorten wie die faltige, grün-rote Marinda oder gestreifte Tigertomaten werden wegen ihres Aromas so pur wie möglich genossen. Gelbe Tomaten sind meist ein wenig milder in der Säure, grüne dafür umso strenger, und ein Unikat wie das große, unförmige Ochsenherz gibt länger garenden Tomatengerichten viel Substanz. Alles etwas intensiver bieten die kleinen Kirschtomaten. Strauchtomaten werden samt Zweig geerntet, der alleine für ihren guten Duft sorgt. Da sie wegen ihrer besseren Haltbarkeit oft etwas später geerntet werden können als andere Tomaten, schmecken sie oft auch ein wenig besser.

Dann sind sie gut Am besten sind Tomaten, die unter der Sonne richtig ausreifen konnten. Das geschieht im sonnigen Süden und Südosten Europas ab dem Frühjahr, bei uns ab Juni/Juli bis in den September. Dann schmecken aber auch die »Südtomaten« am besten. Gute Tomaten sind fest, aber nicht zu fest, ohne Dellen und Flecken (Falten und Beulen sind kein Makel), das Grün sollte seinen Namen verdienen und eine entsprechende Farbe aufweisen. Strauchtomaten sollten fest am Zweig sitzen. Der Kühlschrank nimmt Tomaten ihr Aroma und macht sie mehlig, diese daher an einem dunklen und kellerkühlen Ort aufbewahren. Hier halten sie bis zu 1 Woche. Doch Achtung: Tomaten geben das Reifegas Ethylen ab, das nicht nachreifende Gemüse (und das sind fast alle) schneller altern lässt.

So werden sie gut fast auf jede Art – siehe oben.

Bruschetta mit Tomate (Seite 20), Glasierte Kirschtomaten mit Feta (87), Tomaten vom Blech (100), Ungarisches Letscho (Seite 114), Linguine mit Safran-Butter-Tomaten (136), Tomaten im Glas (174f.), Kirschtomaten-Kompott (178)

Topinambur

Die Erdartischocke ist ein Glücksfall für fast jedes Gericht, besonders wenn noch etwas Sahne im Spiel ist.

Ihren Beinamen trägt die Topinambur, weil ihr Geschmack gegart an Artischocken erinnert. So gibt sie Gemüseragouts oder Wokgerichten die besondere Note. Roh ist sie zart erfrischend mit leichtem Nussaroma.

Dann ist sie gut Ab Oktober kommt die Topinambur bei uns aus dem Freiland, wegen ihrer guten Lagerbarkeit ist sie bis ins Frühjahr zu haben. Die Knollen sollten mit glatter Schale und ohne »Abbrüche« sein, dabei fest und nicht runzlig. Unterm feuchten Tuch halten sie im Gemüsefach gut 1 Woche, im Kellerklima (dunkel, kühl, trocken) auch länger.

So wird sie gut Dünsten, Schmoren, Braten, Frittieren – geht alles gut, wenn's schnell geht. Weil rohe Topinambur schnell braun werden und sie zu lange gegart viel Aroma verlieren. Was fast immer passt: ein Schuss Sahne oder Kokosmilch.

Auberginen und Topinambur in Kokos (Seite 108), Topinambur-Risotto (157)

Weißkohl

Der helle Kopf taugt für Deftiges von Krautsalat bis Sauerkraut, aber auch für Asiaküche und andere Überraschungen.

Neben dem runden Weißkohl gibt es Spitzkohl und neu gezüchtete flache Köpfe, die beide zarter, milder und lockerer sind.

Dann ist er gut Ab April kommen eher zarte Kohlköpfe von unseren Feldern, der Sommerkohl ist würziger und fester, im Herbst sind die Köpfe besonders groß. Immer sollten sie fest sein mit gleichmäßigen frischen Außenblättern (frische brechen beim Biegen) ohne fleckige, vergilbte oder gar vertrocknete Stellen. Früher Kohl sowie lockere bzw. angeschnittene Köpfe halten in Folie oder unterm feuchten Tuch etwa 1 Woche im Gemüsefach, Sommerkohl mehrere Wochen, Herbstkohl im Kellerklima auch Monate.

So wird er gut Kopf vierteln, keilförmig Strünke samt dicken Blattrippen rausschneiden und den Kohl zuschneiden. Für Salat und schnelles Garen kann er gesalzen und geknetet werden.

Kraut und Fenchel aus dem Ofen (Seite 125)

SPEISEKAMMER

W

Wirsing

Der krause Kohlkopf mit Würze hat sich inzwischen von der Mehlschwitze emanzipiert und passt sogar zu Pasta.

Wem Kohl zu kohlig kommt, der kann sich ihm über den verwandten Wirsing nähern, dessen Geschmack raffinierter ist.

Dann ist er gut Wie Weißkraut gibt es Wirsing in der Frühform (ab April von heimischen Feldern, feiner im Aroma), im Sommer (ab Juni, würziger) sowie als deftigeren Herbstwirsing, der bis über den Winter angeboten wird. Feste, aber locker geöffnete Außenblätter ohne Gilb und Vertrocknung um einen festen Kopf stehen für gute Qualität. Wie beim Kohl steigert sich die Haltbarkeit je nach Erntezeit, von 1 Woche im Frühjahr bis mehrere Wochen im Herbst.

So wird er gut Außenblätter entfernen oder extra blanchieren, was auch dem übrigen wie Weißkohl vorbereiteten Wirsing gut tun kann, wenn er nicht zu deftig und kräftig werden soll. Dünsten und Schmoren sind ideal für ihn.

Radicchio, Chinakohl und Wirsing vom Blech (Seite 101)

Zucchini

Viele finden sie toll, weil so vielseitig. Und er kann verblüffen, der Zucchino – so heißt er nämlich solo. Erste Überraschung.

Zucchini gehören zur Kürbisfamilie, klassisch grün lang oder rund, Rondini etwa, mit intensivem Geschmack. Gelbe unterscheiden sich nur in der Optik, die wiederum bei den Zucchiniblüten die größte Rolle spielt – eine schöne Hülle für geschmackvolle Füllungen.

Dann sind sie gut Zucchini gibts das ganze Jahr von überallher, ihre beste Zeit ist der Sommer, wenn sie aus dem nahen Freiland kommen. Ihre Anschnitte sollten frisch und feucht sein, die Schale ohne Risse, Löcher und dunkle Flecken. Im Gemüsefach halten sie in der Tüte eine Woche.

So werden sie gut In Scheiben oder Stiften in Öl oder Butter gebraten, fürs Dünsten mit einem Deckel drauf. Auch gut: Zucchini raspeln und scharf braten oder im Ganzen knackig kochen und dann verarbeiten.

Big Zac (Seite 34), Provençalische Ratatouille (113), Piccalilly (195)

Zuckerschoten

Die zarten Verwandten der Erbse, die eine Sommersuppe fein, einen Salat interessant und ein Fischgericht edler machen.

Da sind die feinen, die man meist in der Schale folienverpackt bekommt, und die handfesteren, die lose angeboten werden. Bei beiden muss man keine Fäden mehr ziehen – weggezüchtet.
Dann sind sie gut Eigentlich immer, denn ihr Geschmack ändert sich auch im Sommer zur Erbsenzeit nicht. Da sie empfindlich sind, sollten wir sie frisch und makellos kaufen, also ohne trockene oder fleckige Stellen. Länger als eine halbe Woche sollen sie auf keinen Fall im Gemüsefach liegen.
So werden sie gut Klassisch werden sie in Butter gedünstet mit ordentlich Salz dran (noch feiner: kurz in kochendem Salzwasser blanchieren und dann in Butter schwenken). Immer wichtig: Nicht zu lange garen, das macht sie glitschig-süßlich. Oder die Schoten roh in feine Streifen schneiden, so sorgen sie im Salat für frischen Biss.

Gemüse-Tempura (Seite 38), Green Gun Cocktail (47), Sommereintopf (126)

Zwiebeln

Fürs Nebenbei sind sie erstens zu schade und zweitens zu zahlreich in Form und Farbe. Machen wir was draus!

Braun ist die Gemüsezwiebel, milder sind weiße Zwiebeln, die frischen roten haben etwas Fruchtiges und Schalotten das feinste Aroma. Und bei allen sind die kleinen würziger bzw. schärfer.
Dann sind sie gut Zwiebeln gibt es das ganze Jahr, ein Hochgenuss sind sie frisch aus der heimischen Ernte von Sommer bis Frühherbst. Stets sollten sie prall und fest sein mit trockener, aber nicht vertrockneter Schale, die gut an ihnen haftet. Weiche, schrumpelige und schlecht riechende Knollen mit Trieben sind für den Abfall. An einem luftig kühlen und dunklen Ort halten Zwiebeln wochen- bis monatelang, im Küchenschrank 2–3 Wochen. Rote Zwiebeln müssen ins Gemüsefach, dort halten sie 1–2 Wochen.
So werden sie gut Am besten gedünstet, geschmort oder in schützender Hülle im Ofen gebacken. Mehr ab Seite 130.

Rote Zwiebeln im Salzmantel (Seite 60), Bunte Zwiebelsuppe (132), Rotweinschalotten (133)

Rezeptregister A-Z

Artischocken mit Gremolata, Junge 82
Artischocken mit Vinaigrette 84
Auberginen und Topinambur in Kokos 108
Auberginen wie in Kampanien 186
Auberginenchips mit Basilikum-Minz-Chutney 41
Austernpilze mit Rosenkohlblättern 120
Austernpilzen, Pilaw mit Avocado und 160
Avocado und Austernpilzen, Pilaw mit 160
Avocados, Gratinierte 70

Baked Beans 193
Balado Sayang 115
Big Zac 34
Blumenkohlkoteletts in Kapernbutter 81
Blumenkohl, Sommereintopf mit 126
Brokkoli mit Pfifferlingen und Thymian 124
Brokkoli-Pakora mit Kokos-Raita 36
Bruschetta mit Champignons 20
Bruschetta mit Radieschen 20
Bruschetta mit Tomate 20
Bunte Zwiebelsuppe mit Käsetoast 132

Carrot-, Banana- & Bean-Pancake 33
Champignons, Bruschetta mit 20
Champignons, Gefüllte 71
Champignons in Kerbelsahne 46
Chicorée mit Roquefort in der Folie 66

Dreimal scharfe Gürkchen 197

Eggplants Benedetto 30
Erbsen in der Flasche 190
Erbsen in Kräutersahne 86

Fenchel aus dem Ofen, Kraut und 125
Fenchel-Spinat-Salat mit Joghurt 44
Focaccia mit Zucchini und Rosinen 166
Frische Gnocchi aus Petersilienwurzeln 146
Frische Pelati-Tomaten 174
Frühlingsallerlei mit Grießnocken 155

Gazpacho 52
Gebratene Pastinaken mit grünen Bohnen 121
Gedämpfte Radieschen mit Tofu 57
Gefüllte Champignons 71
Gefüllte Paprika 76
Gemüse-Tempura 38
Glasierte Kirschtomaten mit Feta 87
Gnocchi mit Rosenkohl 142
Gratinierte Avocados 70
Green Gun Cocktail 47
Grünen Bohnen, Gebratene Pastinaken mit 121
Grüner Ofenspargel mit Ziegenkäse 68
Grüne Tomaten mit Mangoketchup 74
Grüne-Tomaten-Konfitüre 175
Grüne Zwiebelrahmsuppe 92
Grünkohlcurry mit Möhren 107
Guacamole mit Tortilla-Fritten 29
Gürkchen, Dreimal scharfe 197
Gurken mit Shiitakes in Ingweröl 196
Gurken und Früchten, Sommersalat mit 49

Gurken, Senf- 196
Gurkenreis mit Feta 161
Gurken-Relish 201
Gurkenstöpsel mit Chili 79

Japanische Sojarüben 184
Junge Artischocken mit Gremolata 82

Kartoffelchips mit Senfmajo 40
Kartoffel-Lauch-Gratin 149
Kartoffeln mit Schnittlauchquark, Ofensalz- 61
Kartoffelknödel mit Paprikakraut 144
Kirschtomaten- Kompott 178
Kohlrabi mit Rucola und Mandeln, Sahne- 122
Kraut und Fenchel aus dem Ofen 125
Kürbis in Weißwein, Muskat- 180
Kürbis mit Couscos und Feta 156
Kürbispesto, Tagliatelle mit 140
Kürbis vom Blech 89
Kürbis-Wedges mit Bananen-Ketchup 40

Lauchbutter 24
Lauch-Gratin, Kartoffel- 149
Letscho, Ungarisches 114
Linguine mit Safran-Butter-Tomaten 136
Linsencreme, Rote 25
Linsencremesuppe mit Minze 90

Mairüben mit Stielmusdip 60
Mais-Relish 188
Mangoldröllchen mit Estragon 78
Möhren à la grecque 183
Möhren, Grünkohlcurry mit 107
Möhren im Papier mit Senfbutter 67
Möhrenkäse leicht & mehr 50
Möhrenspätzle 141
Muskatkürbis in Weißwein 180

Nasi-Gemüse 162
Nudeln mit Shiitakes und Staudensellerie 138

Ofenbete mit Honig-Kren-Butter 97
Ofensalzkartoffeln mit Schnittlauchquark 61
Omelett mit Kürbis und Ziegenkäse 32

Pastinaken mit grünen Bohnen, Gebratene 121
Petersilienwurzeln, Frische Gnocchi aus 146
Piccalilly 195
Pilaw mit Avocado und Austernpilzen 160
Pilze in Öl 187
Pizza mit grünem Spargel 164
Provençalische Ratatouille 113

Radicchio, Chinakohl und Wirsing vom Blech 101
Radicchio und Feta, Spaghetti mit 137
Radieschen, Bruschetta mit 20
Radieschen mit Tofu, Gedämpfte 57
Radieschensalat mit Orangen 56
Rahmblattspinat mit Steinpilzen 110
Rahmkartoffeln mit Mairüben 148
Rahmradieserl mit Brezenknödeln 150
Rosenkohl, Gnocchi mit 142
Rote Linsencreme 25
Rote Zwiebeln mit Ziegenkäsecreme 60
Rote-Bete-Ragout mit Kreuzkümmel 96
Rotes Zwiebelconfit 192
Rotkohl, Wintereintopf mit 128
Rotweinschalotten mit Maronen 133
Rüben mit Stielmusdip, Mai- 60
Rüben, Japanische Soja- 184
Rüben, Rahmkartoffeln mit Mai- 148
Rüben, Wunder- 118

Sahnekohlrabi mit Rucola und Mandeln 122

Schalotten mit Maronen, Rotwein- 133
Schwarzwurzelfritten mit Sesamsalz 42
Senfgurken 196
Shakerato Primavera 51
Shiitakes und Staudensellerie, Nudeln mit 138
Sommereintopf mit Blumenkohl 126
Sommersalat mit Gurken und Früchten 49
Spaghetti mit Radicchio und Feta 137
Spargel in der Folie 64
Spargel mit Ziegenkäse, Grüner Ofen- 68
Spargel, Pizza mit grünem 164
Spargel, Radieschen und Möhren vom Blech 100
Spinat mit Steinpilzen, Rahmblatt- 110
Spinat und Salbeibutter, Strozzapreti mit 152
Staudensellerie, Nudeln mit Shiitakes und 138
Stampf mit Sauce 171
Strozzapreti mit Spinat und Salbeibutter 152
Suppengrün-Lasagne 170

Tagliatelle mit Kürbispesto 140
The Green Wok 104
Tomate, Bruschetta mit 20
Tomaten, Frische Pelati- 174
Tomaten-Kompott, Kirsch- 178
Tomaten-Konfitüre, Grüne- 175
Tomaten, Lauchzwiebeln und Austernpilze vom Blech 100
Tomaten, Linguine mit Safran-Butter- 136
Tomaten mit Feta, Glasierte Kirsch- 87
Tomaten mit Mangoketchup, Grüne 74
Tomatenketchup 174
Topinambur in Kokos, Auberginen und 108
Topinambur-Risotto mit Trauben und Nüssen 157

Ungarisches Letscho 114

Wintereintopf mit Rotkohl 128
Wunderrüben 118

Zucchini und Rosinen, Focaccia mit 166
Zweimal Bohnen in Tomatensahne 111
Zwiebelconfit, Rotes 192
Zwiebeln mit Ziegenkäsecreme, Rote 60
Zwiebelrahmsuppe, Grüne 92
Zwiebelsuppe mit Käsetoast, Bunte 132

Gemüseregister

Artischocken

Artischocken mit Vinaigrette 84
Junge Artischocken mit Gremolata 82

Auberginen

Auberginenchips mit Basilikum-Minz-Chutney 41
Auberginen und Topinambur in Kokos 108
Auberginen wie in Kampanien 186
Balado Sayang 115
Eggplants Benedetto 30
Nasi-Gemüse 162
Provençalische Ratatouille 113

Austernpilze
Austernpilze mit Rosenkohlblättern 120
Pilaw mit Avocado und Austernpilzen 160
Tomaten, Lauchzwiebeln und Austernpilze vom Blech 100

Avocados
Gratinierte Avocados 70
Guacamole mit Tortilla-Fritten 29
Pilaw mit Avocado und Austernpilzen 160

Blumenkohl
Blumenkohlkoteletts in Kapernbutter 81
Piccalilly 195
Sommereintopf mit Blumenkohl 126

Bohnen
Carrot-, Banana- & Bean-Pancake 33
Baked Beans 193
Gebratene Pastinaken mit grünen Bohnen 121
Piccalilly 195
Zweimal Bohnen in Tomatensahne 111

Brokkoli
Brokkoli mit Pfifferlingen und Thymian 124
Brokkoli-Pakora mit Kokos-Raita 36

Champignons
Bruschetta mit Champignons 20
Champignons in Kerbelsahne 46
Gefüllte Champignons 71
Pilze in Öl 187

Chicorée
Chicorée mit Roquefort in der Folie 66

Chinakohl
Chinakohl, Radicchio und Wirsing vom Blech 101

Erbsen
Erbsen in der Flasche 190
Erbsen in Kräutersahne 86
Frühlingsallerlei mit Grießnocken 155

Fenchel
Fenchel-Spinat-Salat mit Joghurt 44
Kraut und Fenchel aus dem Ofen 125

Grünkohl
Grünkohlcurry mit Möhren 107

Gurken
Brokkoli-Pakora mit Kokos-Raita 36
Dreimal scharfe Gürkchen 197
Gazpacho 52
Gurken mit Shiitakes in Ingweröl 196
Gurkenreis mit Feta 161
Gurken-Relish 201
Gurkenstöpsel mit Chili 79
Senfgurken 196
Shakerato Primavera 51
Sommersalat mit Gurken und Früchten 49

Kartoffeln
Frische Gnocchi aus Petersilienwurzeln 146
Kartoffelchips mit Senfmajo 40
Kartoffelknödel mit Paprikakraut 144
Kartoffel-Lauch-Gratin 149
Ofensalzkartoffeln mit Schnittlauchquark 61
Rahmkartoffeln mit Mairüben 148

Knollensellerie
Suppengrün-Lasagne 170
Stampf mit Sauce 171

Kohlrabi
Sahnekohlrabi mit Rucola und Mandeln 122

Kopfsalat
Green Gun Cocktail 47

Kraut
Kraut und Fenchel aus dem Ofen 125

Kürbis
Kürbis mit Couscos und Feta 156
Kürbis vom Blech 89

Kürbis-Wedges mit Bananen-Ketchup 40
Muskatkürbis in Weißwein 180
Omelett mit Kürbis und Ziegenkäse 32
Tagliatelle mit Kürbispesto 140

Lauch & Lauchzwiebeln

Bunte Zwiebelsuppe mit Käsetoast 132
Gemüse-Tempura 38
Grüne Zwiebelrahmsuppe 92
Kartoffel-Lauch-Gratin 149
Lauchbutter 24
Piccalilly 195
Tomaten, Lauchzwiebeln und Austernpilze vom Blech 100

Linsen

Linsencremesuppe mit Minze 90
Rote Linsencreme 25

Mais

Mais-Relish 188

Mangold

Mangoldröllchen mit Estragon 78

Möhren

Carrot-, Banana- & Bean-Pancake 33
Frühlingsallerlei mit Grießnocken 155
Grünkohlcurry mit Möhren 107
Japanische Sojarüben 184
Möhren à la grecque 183
Möhren im Papier mit Senfbutter 67
Möhrenkäse leicht & mehr 50
Möhrenspätzle 141
Spargel, Radieschen und Möhren vom Blech 100

Paksoi

The Green Wok 104

Paprika

Gazpacho 52
Gefüllte Paprika 76
Kartoffelknödel mit Paprikakraut 144
Mais-Relish 188
Provençalische Ratatouille 113
Ungarisches Letscho 114

Pastinaken

Gebratene Pastinaken mit grünen Bohnen 121
Wunderrüben 118

Petersilienwurzeln

Frische Gnocchi aus Petersilienwurzeln 146

Pilze

Brokkoli mit Pfifferlingen und Thymian 124
Pilze in Öl 187
Rahmblattspinat mit Steinpilzen 110

Radicchio

Spaghetti mit Radicchio und Feta 137
Radicchio, Chinakohl und Wirsing vom Blech 101

Radieschen

Bruschetta mit Radieschen 20
Gedämpfte Radieschen mit Tofu 57
Radieschensalat mit Orangen 56
Rahmradieserl mit Brezenknödeln 150
Shakerato Primavera 51

Rettich

Wunderrüben 118

Rosenkohl

Austernpilze mit Rosenkohlblättern 120
Gnocchi mit Rosenkohl 142

Rote Bete

Ofenbete mit Honig-Kren-Butter 97
Rote-Bete-Ragout mit Kreuzkümmel 96
Wunderrüben 118

Rotkohl

Wintereintopf mit Rotkohl 128

Rüben

Japanische Sojarüben 184

Mairüben mit Stielmusdip 60
Rahmkartoffeln mit Mairüben 148
Wunderrüben 118

Schalotten
Balado Sayang 115
Rotweinschalotten mit Maronen 133

Schwarzwurzeln
Schwarzwurzelfritten mit Sesamsalz 42

Shiitakes
Nudeln mit Shiitakes und Staudensellerie 138

Spargel
Frühlingsallerlei mit Grießnocken 155
Grüner Ofenspargel mit Ziegenkäse 68
Nasi-Gemüse 162
Pizza mit grünem Spargel 164
Spargel in der Folie 64
Spargel, Radieschen und Möhren vom Blech 100

Spinat
Fenchel-Spinat-Salat mit Joghurt 44
Rahmblattspinat mit Steinpilzen 110
Strozzapreti mit Spinat und Salbeibutter 152

Staudensellerie
Nudeln mit Shiitakes und Staudensellerie 138
Piccalilly 195
The Green Wok 104

Steckrüben
Wintereintopf mit Rotkohl 128
Wunderrüben 118

Suppengrün
Stampf mit Sauce 171
Suppengrün-Lasagne 170

Tomaten
Balado Sayang 115
Bruschetta mit Tomate 20
Frische Pelati-Tomaten 174
Gazpacho 52
Glasierte Kirschtomaten mit Feta 87
Grüne Tomaten mit Mangoketchup 74
Grüne-Tomaten-Konfitüre 175
Kirschtomaten-Kompott 178
Linguine mit Safran-Butter-Tomaten 136
Provençalische Ratatouille 113
Tomaten, Lauchzwiebeln und Austernpilze vom Blech 100
Tomatenketchup 174
Ungarisches Letscho 114

Topinambur
Auberginen und Topinambur in Kokos 108
Topinambur-Risotto mit Trauben und Nüssen 157

Weißkohl
Kraut und Fenchel aus dem Ofen 125

Wirsing
Radicchio, Chinakohl und Wirsing vom Blech 101

Zucchini
Big Zac 34
Focaccia mit Zucchini und Rosinen 166
Piccalilly 195
Provençalische Ratatouille 113

Zuckerschoten
Gemüse-Tempura 38
Green Gun Cocktail 47
Sommereintopf mit Blumenkohl 126

Zwiebeln
Bunte Zwiebelsuppe mit Käsetoast 132
Grüne Zwiebelrahmsuppe 92
Mais-Relish 188
Provençalische Ratatouille 113
Rote Zwiebeln mit Ziegenkäsecreme 60
Rotes Zwiebelconfit 192
Ungarisches Letscho 14

SEBASTIAN DICKHAUT

Fragen, Antworten und Dankeschön

Sebastian Dickhaut ist Koch, Journalist und Autor mit eigener Werkstatt in München – dem HUKODI. Hier entwickelt er Kochbücher, dreht Foodfilme, lädt zu Kochkursen, macht Konzerte, bittet zu Tisch. Wir haben uns mit ein paar Fragen dazugesetzt.

Warum Gemüse?

Sebastian Dickhaut: Weil's immer da und immer wieder was anderes ist. Wenn ich in den Supermarkt gehe, sehe ich – sagen wir – als Erstes Pastinaken, hab gleich eine Idee, und dann kommt der Rest. Und wenn ich zu meinem Gemüsehändler gehe, wird sowieso alles gut. Wie es da duftet und leuchtet – da hat's meine Metzgerin schon schwerer dagegen.

Und warum »JETZT! Gemüse«?

Ich bin beim Kochen eher Pragmat als perfekt. Gucke, was da ist, im Laden, im Kühlschrank, und los geht's. Die Jagd nach dem ultimativen Risottoreis und der endgültigen Rührtechnik ist nicht meins. Lieber »learning by cooking«, und das geht toll mit Gemüse, auch weil das so geduldig ist.

Wie kommt man eigentlich vom Kochen zum Schreiben?

Schreiben war zuerst da. Meine Eltern waren zum einen Autoren, zum anderen aber auch Gastronomen. So habe ich von Anfang an gerne gegessen, und weil ich was erleben wollte, bin ich Koch geworden. Irgendwann musste es dann aber doch das Schreiben sein, und ich bin zur Lokalzeitung gegangen, später zum Kochbuchverlag, nun bin ich seit fast 20 Jahren freier Autor.

Mit dem HUKODI, Ihrem ... – ja, was ist es eigentlich?

Das ändert sich von Tag zu Tag. Montag war hier Kindergeburtstag, Dienstag haben wir gedreht, gestern wurde für eine Kunstaktion Pastateig geknetet, und morgen spielt eine Band, wir machen Suppe und Brote dazu – unter anderem mit der Lauchbutter von Seite 24.

Ok, mehr JETZT! geht nicht. Bleibt die Frage nach dem Lieblingsgemüse ...

Ui, kommt darauf an. Wenn's ums Kochen geht, gehen Kirschtomaten immer. Gurken auch, vor allem als gegartes Gemüse sind sie verblüffend, das mag ich. Oder Radieschen: Deren Blätter sind besser als jeder Rucola. Bei Auberginen geht mir das Herz auf, vor allem wenn sie sich mit anderen Aromen vollgesoffen haben wie auf Seite 108 mit Kokosmilch. In diesem Gericht sind auch Topinambur drin, die ich bei der Arbeit an diesem Buch wiederentdeckt habe. Okay, dann sind die jetzt mein Lieblingsgemüse.

Bunten Dank ...

... an alle, die beim Werden und Wachsen dieses Buches mitgemacht haben. Zuallererst ans Südwest-Team mit Monika Schürle an der Linse, Jan-Dirk Hansen am Pinsel, Claudia Lenz an den Buchstaben und Eva Wagner über allem.

... an Brigitte Emmrich von der Agentur Wellenschlag, die von Anfang bis Ende bei jeder Woge mitgegangen ist und stets ein guter Lotse war. www.wellenschlag.net

... an die Gemüse-Wagners Johann und Christine für ihre tollen Tipps, ihre Freude bei der Arbeit und vor allem für ihre klasse Ware. www.wagner-haidhausen.de

... an die Testköchinnen und -köche Markus Beer, Inés Gutierrez, Sonja Herpich, Lilian Kuran, Pingkan Lucas und Peter Rosen samt ihren Mitstreitern fürs so mutige wie gewissenhafte Nachkochen und Verbessern.

... an meine Jungs Louis und Phil fürs geduldige Vorkosten von stillem Genuss bis klarer Ansage – die Gnocchi mit Rosenkohl sind aber trotzdem drin!

Er kocht, schreibt, veranstaltet, kreiiert – und redet immer gerne mit den Leuten über Kochen, Essen und Leben. Sebastian Dickhaut in der Straße seines HUKODI in München.

Impressum

1. Auflage 2014

Hinweis

Die Ratschläge/Informationen in diesem Buch sind von Autor und Verlag sorgfältig erwogen und geprüft. Dennoch kann eine Garantie nicht übernommen werden. Eine Haftung des Autors bzw. des Verlags und seiner Beauftragten für Personen-, Sach- und Vermögensschäden ist ausgeschlossen.
Der Verlag weist ausdrücklich darauf hin, dass bei Links im Buch zum Zeitpunkt der Linksetzung keine illegalen Inhalte auf den verlinkten Seiten erkennbar waren. Auf die aktuelle und zukünftige Gestaltung, die Inhalte oder die Urheberschaft der verlinkten Seiten hat der Verlag keinerlei Einfluss. Deshalb distanziert sich der Verlag hiermit ausdrücklich von allen Inhalten der verlinkten Seiten, die nach der Linksetzung verändert wurden und übernimmt für diese keine Haftung.

Bildnachweis

Fotografie Maria Grossmann, Monika Schuerle
Foodstyling Susanne Walter
Assistenz Tobias Jentsch
Autorenfoto Seite 239: Patrick Meroth

Redaktionsleitung Silke Kirsch
Projektleitung Eva Wagner
Layout *zeichenpool, München und Grafikdesign Hansen – Jan-Dirk Hansen
DTP, Gesamtproducing Grafikdesign Hansen – Jan-Dirk Hansen
Redaktion Claudia Lenz, Essen
Bildredaktion und Organisation der Fotoproduktion Sabine Kestler
Korrektorat Susanne Langer
Reproduktion Regg Media GmbH, München
Druck und Verarbeitung G. Canale & C.

Printed in EU

MIX
Papier aus verantwortungsvollen Quellen
FSC® C015529

Verlagsgruppe Random House FSC® N001967

Das für dieses Buch verwendete FSC®-zertifizierte Papier *Quatro silk* wurde produziert von Sappi Ehingen.

ISBN 978-3-517-09282-9